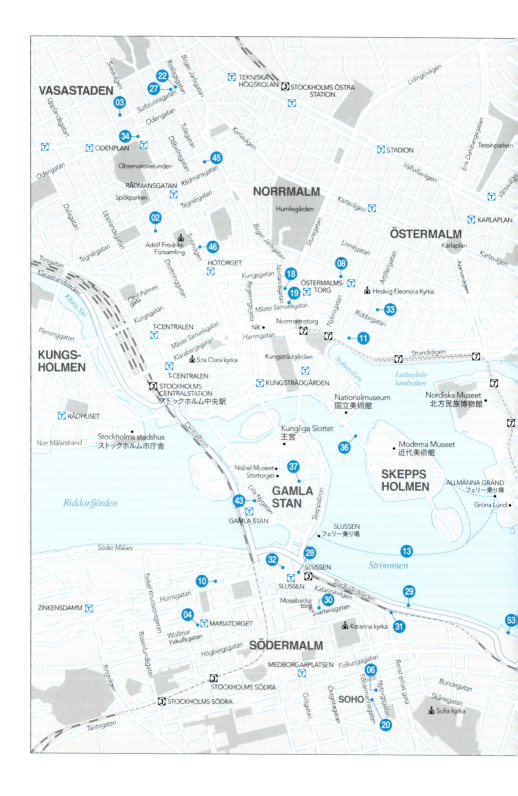

STOCKHOLM MAP

冒頭の番号は本文の項目番号を示しています

02 FABRIQUE …… p10
ファブリック

03 VALAND KAFÉ KONDITORI …… p12
ヴァランド カフェ コンディトリ

04 DROP COFFEE …… p16
ドロップコーヒー

06 PÄRLANS KONFEKTYR …… p20
パーランス コンフェクティール

08 HUSMANS DELI …… p24
ヒュスマンス デリ

10 THE TEA CENTRE OF STOCKHOLM …… p28
ザ ティー センター オブ ストックホルム

11 SEVENSKT TENN TESALONG …… p30
スヴェンスク テン ティーサロン

13 DJURGÅRDSFÄRJAN …… p32
ユールゴーズフェリアン

17 ROSENDALS TRÄDGÅRD …… p42
ローゼンダール トレードゴード

18 SVENSK HEMSLÖJD …… p46
スヴェンスク ヘムスロイド

19 BYREDO …… p48
バレード

20 L:A BRUKET …… p50
リラ ブルケット

22 BYGGFABRIKEN …… p54
ビグファブリーケン

26 OAXEN SLIP …… p62
オアクセン スリップ

27 SVARTENGRENS …… p66
スヴァッテングレンス

28 ERIKS GONDOLEN …… p68
エリックス ゴンドーレン

29 FOTOGRAFISKA …… p70
フォトグラフィスカ

30 WOODSTOCKHOLM …… p72
ウッドストックホルム

31 HERMANS …… p74
ヘルマンス

32 STRÖMMINGSVAGNEN …… p76
ストロミング ヴァグネン

33 SPECERIET …… p78
スペセリエ

34 STOCKHOLMS STADSBIBLIOTEK …… p82
ストックホルム スタッズビビリオテック（市立図書館）

36 SKEPPSBRON …… p88
シェプスブロン

37 BRÄNDA TOMTEN …… p90
ブレンダ トムテン

43 POSTMUSEUM …… p102
ポストミュージアム

45 HOTEL BIRGER JARL …… p106
ホテル ビリエル ヤール

46 MISS CLARA HOTEL …… p108
ミス クララ ホテル

53 VIKING LINE …… p132
ヴァイキング ライン

わたしの北欧案内　ストックホルムとヘルシンキ
デザインとフィーカと街歩き

おさだゆかり

もくじ

01 1日に何度もお茶の時間を　FIKA ― 6

02 天然酵母パンと焼き菓子がおいしいベーカリーカフェ　FABRIQUE ― 10

03 昔ながらの喫茶店でゆっくりとフィーカを　VALAND KAFÉ KONDITORI ― 12

04 焙煎所が営む居心地のいいカフェ　DROP COFFEE ― 16

05 春の訪れを告げるスウィーツ　SEMLA ― 18

06 水色の箱の手づくりキャラメル　PÄRLANS KONFEKTYR ― 20

07 いろいろ載せたくなる滋味深さ　KNÄCKE ― 22

08 こけももの真っ赤な実　LINGONBERRY ― 24

09 秋のスペシャリテ！濃厚な風味のキノコ　KANTALERA ― 26

10 ノーベル賞晩餐会のフレーバーティー　THE TEA CENTRE OF STOCKHOLM ― 28

11 老舗インテリアショップのティーサロン　SVENSKT TENN TESALONG ― 30

12 街を自在に動き回るプリペイドカード　ACCESS CARD ― 32

13 知っていると便利な船のルート　DJURGÅRDSFÄRJAN ― 32

14 モザイクタイルが美しい地下鉄アート　T-CENTRALEN WALL ART ― 34

15 王立公園を走るクラシックトラム　DJURGÅRDEN LINJEN ― 36

16 トラムのカフェでフィーカ　CAFÉVAGNEN ― 38

17 世界で一番好きな癒しのガーデンカフェ　ROSENDALS TRÄDGÅRD ― 42

18 伝統の手工芸品を探すなら　SVENSK HEMSLÖJD ― 46

19 香りに魅せられて　BYREDO ― 48

20 スウェーデン発のオーガニックスキンケアブランド　L:A BRUKET ― 50

21 不要品を循環させるしあわせな仕組み　REUSE ― 52

22 「家はリノベーションして住む」という考え方　BYGGFABRIKEN ― 54

23 すっきり美しいアルコール専門店　SYSTEMBOLAGET ― 56

24 飲み比べが楽しいラインナップ充実のクラフトビール　CRAFT BEER ― 58

25 ハーブの香り豊かなオーガニックジン　STOCKHOLMS BRÄNNERI DRY GIN ― 60

26 食器はすべて北欧ヴィンテージ　OAXEN SLIP ― 62

27 熟成肉が自慢のレストラン　SVARTENGRENS ― 66

28 フレッシュなカクテルと地上38メートルの眺望　ERIKS GONDOLEN ― 68

29 眺めにうっとりする写真美術館のレストランカフェ　FOTOGRAFISKA ― 70

30 ワインも料理も人もいい　WOODSTOCKHOLM ― 72

31 お腹をすかせて訪れるベジタリアンレストラン　HERMANS ― 74

32 みんな大好き！揚げ焼きニシンの屋台　STRÖMMINGSVAGNEN ― 76

33 スタイリッシュなインテリアでこだわりの料理を！　SPECERIET ― 78

34	すばらしい図書館は市民のために **STOCKHOLMS STADSBIBLIOTEK** — 82
35	アスプルンドの「森の墓地」**SKOGSKYRKOGÅRDEN**――86
36	王冠を抱く木造の橋 **SKEPPSBRON** — 88
37	大きな栗の木の下でひと休み **BRÄNDA TOMTEN** — 90
38	そこはグッドデザインの宝庫 **SUPERMARKET** — 92
39	やっぱりかわいいストライプのミルク **ARLA MJÖLK** — 96
40	王冠マークの濃厚チーズ **VÄSTERBOTTENS OST** — 98
41	ショッキングピンクのアンチョビ缶 **ANSJOVIS** — 100
42	オーラルケアのアイテムは薬局で **APOTEKET** — 101
43	思わず集めたくなるデザインの国の切手 **STAMPS** — 102
44	個性豊かな紙製の買い物袋 **SHOPPING BAG** — 104
45	有名デザイナーの部屋に泊まれるホテル **HOTEL BIRGER JARL** — 106
46	元女子校をモダンにアップデート **MISS CLARA HOTEL** — 108
47	黄色の花の咲く丘 **YELLOW CARPET** — 110
48	夏休みに家族で過ごす森の小さな家 **SUMMER HOUSE** — 112
49	美味な料理、ガーデン、サウナ 湖畔の小さなホテル **DALA-FLODA VÄRDSHUS** — 116
50	森の中に佇む7棟のツリーホテル **TREEHOTEL** — 120
51	美しく魅惑的な氷の世界 **ICEHOTEL** — 124
52	400年続く北極圏のウィンターマーケット **JOKKMOKKS MARKNAD** — 128
53	1泊2日のバルト海の船旅 **VIKING LINE** — 132
54	建築家アルヴァ・アアルトが家族と過ごした自邸 **THE AALTO HOUSE** — 136
55	フィンランドデザインのインテリアに魅了されて **ARTEK** — 140
56	書店のカフェでほっと一息 **CAFÉ AALTO** — 142
57	アアルトがデザインしたレストラン **SAVOY** — 144
58	彫刻家の元アトリエで気軽なディナーを **ATELJÉ FINNE** — 146
59	古きよきバーでドラフトビールを！ **BIER-BIER** — 148
60	フィンランドでハサミと言えば **FISKARS** — 150
61	心も送るオレンジ色のパッケージ **POSTISÄKKI** — 151
62	若手作家の展示も楽しめるギャラリーショップ **LOKAL** — 152
63	都市で暮らす人々の癒しの場 **KAMPIN KAPPELI** — 154
64	自然光と照明が織りなす光のアンサンブル **MYYRMÄEN KIRKKO** — 156

← 地図は見返しにあります

5

01 ｜ フィーカ ｜
FIKA
１日に何度もお茶の時間を

スウェーデンで友人の家を訪ねている時、また街を一緒に歩いている時に、必ずといっていいくらい掛けられる言葉、「フィーカにしない？」。"フィーカ"はわたしを笑顔にしてくれる、大好きなスウェーデン語です。

フィーカとはコーヒーブレイクのことで、おいしいお菓子と共に休憩時間を楽しむ、スウェーデンの文化です。おもしろいのは、フィーカは家で過ごしている人達だけのものではなく、仕事場でもきちんとフィーカの時間が設けられているということ。一般的には午前に１回、ランチを挟んで午後に２回、およそ２時間ごとにフィーカをします。考えてみれば、仕事の集中力は、そんなに長くは続かないもの。休憩を挟んでリフレッシュして、再度仕事に向かうというのは、なんとも合理的。そしてそれは家族や同僚とのコミュニケーションの場にもなるのです。

スウェーデンのコーヒーといえばダークローストが主流。そのコーヒーに合わせるのが、スウェーデンを代表するシナモンロールや昔ながらの焼き菓子。素朴な焼き菓子は濃いコーヒーによく合い、これからもきっと変わることのない組合せ。友人の家にフィーカに招かれると、焼き菓子を買いにカフェに立ち寄りますが、興味深いのは、どこも品揃えがほとんど一緒ということ。異国の流行に乗って、新しいお菓子を出さないのかしら？と思いますが、単純に、親しみのあるシナモンロールと焼き菓子があれば、それで十分なのかもしれません。

「フィーカよ！」、それはお母さんのひと声で家族みんなが集まる、魔法の言葉。「スウェーデンの人達は、なんて家族のつながりが深いんだろう」と感じることが多々ありますが、フィーカの影響が大きいのではと密かに思っています。

02 │ファブリック│
FABRIQUE
天然酵母パンと焼き菓子がおいしいベーカリーカフェ

ストックホルムのカフェの開店は早く、7時台には開いているお店が多いです。Fabrique は市内に16店舗を展開する天然酵母パンや焼き菓子が評判のベーカリーカフェ。朝一番、シナモンロールや焼き菓子が隙間なくずらりと並ぶその光景は、1日の始まりを感じさせてくれ、なんとも清々しく気持ちのよいもの。

パールシュガーと呼ばれる白い粒状の砂糖をパラパラと載せた「シナモンロール（Kanelbullar／カネルブッラ）」、クッキー生地の中心にラズベリージャムを載せた「ラズベリーの洞窟（Hallongrotta／ハッロングロッタ）」、細かいココナッツをまぶした「チョコレートボール（Chokladbollar／フクラドボーラ）」など。
パンもお菓子も、Konditori（お菓子屋さん）のものと比べると、よりリッチ感があります。

Drottning Gatan／ドロットニングガタンにあるお店は、ガラス張りで天井が高く、壁の白いタイルがとても明るくて、本を読むのにもぴったり。滞在しているアパートメントから近いので、カフェラテと一緒にその日の気分でパンや焼き菓子を選んで、朝食やフィーカによく利用しています。スウェーデンに通いはじめたころは、シナモンロール一辺倒でしたが、最近はカルダモンロール派。カルダモンのスパイスとラテの組合せに、すっかりはまっています。
Fabriqueは街のいたるところにあるので、もし見つけたら足を止めて、ぜひおいしいパンや焼き菓子と共にフィーカを！

Fabrique
Drottninggatan 102, Stockholm
☎ 08 23 23 27
fabrique.se/

03 VALAND KAFÉ KONDITORI
ヴァランド カフェ コンディトリ

昔ながらの喫茶店でゆっくりとフィーカを

スウェーデンでフィーカをするなら、昔ながらのKonditori／コンディトリと今時のKafé／カフェのふたつがあります。Konditoriは焼き菓子やケーキを売るお店で、たいていレギュラーコーヒーと数種類の紅茶を用意しているイートインスペースがあるので、座ってひと息つけるのです。Konditoriの焼き菓子は昔ながらの伝統菓子で、中には掃除機（Dammsugare／ダムスゲレ）という名前のついた、黄緑色のアニスがアクセントのお菓子など一風変わったものもあります。

一方Kaféには、エスプレッソマシーンがあってドリンクメニューが豊富。カフェラテやカプチーノと一緒にシナモンロールなどのパンや焼き菓子を楽しめます。Valandは市立図書館（p082）のすぐ近くなので、図書館に行った後にここでフィーカをするコースが定番。創業1954年、木枠のガラスのショーケースとバックカウンターの設え、広いイートインスペースには北欧の古い木のテーブルと椅子が並び、装飾は控えめで、無垢の木に囲まれた落ち着ける空間。

数年前までは、かなり年配のご夫妻が経営していて、装いの色づかいがとてもおしゃれなマダムが注文を取り、おじいちゃんがかなりゆっくりと歩いてコーヒーを運んでくれていました。Valandの経営者が変わったらしいと噂を聞いた時、もうあの空間でフィーカできなくなってしまったのかと、寂しく思っていました。ところがそんなわたしの心配ははずれ、内装は変わること無く、メニューもそれまでと同じように、焼き菓子は奥のキッチンで手づくりされています。

ご夫婦の姿を見られないのは残念ですが、時が流れ経営者が変わっても、そのまま受け継いで、この空間をつないでくれたことが何よりありがたいです。

Valand Kafé Konditori
Surbrunnsgatan 48, Stockholm
☎ 08 30 04 76

04 | ドロップコーヒー |
DROP COFFEE
焙煎所が営む居心地のいいカフェ

スウェーデンに通いはじめた頃、びっくりしたのが「コーヒーの濃さ」。スウェーデンでは、ダークローストが好まれていて、カフェのコーヒーも基本的に濃いのです。濃いコーヒーは苦手で、ミルクをたっぷり入れてしまいますが、そんなわたしでも、レギュラーコーヒーをストレートでおいしくいただけるカフェがあります。
Södermalm／セーデルマルム 地区のMariatorget／マリアトリエ 駅から歩いてすぐの場所にあるDrop Coffee。コーヒー豆の焙煎所を近くに持ち、焙煎したての豆で淹れられる、おいしいドリップコーヒーは常時8種類を用意。どんなコーヒーが好みか伝えてドリップしてもらいます。

最近リノベーションされた店内は、きれいなライトブルーを基調にした、清潔感のあるすっきりした内装。この居心地のいいカフェで過ごす、朝のフィーカは格別です。Södermalmで買付けをする日は、セカンドハンドショップの10時の開店を待ちながらDrop Coffeeで一服、が定番。カウンターのガラスのショーケースには、シナモンロールやカルダモンロール、サンドイッチが並び、どれもサイズが小さめなので、コーヒーと一緒に必ずいただきます。
焙煎所から運ばれるコーヒー豆は、ボックス入りで販売されているので、気に入った豆を買って自宅でおいしいコーヒーを淹れて、フィーカを楽しみます。

Drop Coffee
Wollmar Yxkullsgatan 10,
Stockholm
☎ 08 410 233 63
www.dropcoffee.com/

05 | セムラ |
SEMLA
春の訪れを告げるスウィーツ

スウェーデンで昔ながらのKonditoriに行くと、よく見かけるその名も「Prinsess tårta／プリンセストータ（プリンセスケーキ）」。黄緑色のマジパンに包まれたそのケーキを初めて見た時はビックリ。見た目のインパクトがありすぎて、その時はトライはしませんでしたが、その後友人の家でいただく機会に恵まれました。切り分けた断面を見るとジャムを挟んだスポンジの上に甘くないホイップクリームがたっぷりのった層があり、全体がマジパンで覆われていました。その組合せが意外にも（失礼！）おいしかったのです。無糖のホイップが、甘党ではないわたしにちょうど良かったのかもしれません。

１月からイースターを迎える春まで、街中のカフェやケーキ屋さんに出現するセムラも、甘くないホイップクリームを使ったとってもおいしいスウィーツ。ブリオッシュのような生地はほんのりカルダモンが香り、中は甘くないホイップクリームとアーモンドペースト。この組合せが、もう最高においしいのです。上には粉雪のような粉糖がふわっとかけられ、素朴なルックスながらリッチな味わいに、思わず目を閉じてしまうくらい。

すっかりセムラの虜になったわたしですが、イースターを過ぎると、セムラはピタリと潔く姿を消します。残念ながらイースター前の真冬の買付けにはあまり行かないので、セムラ体験は少なめ。２月にオーロラを見に行った時はセムラのシーズンだったので、うれしくてここぞとばかりにセムラを見つけると食べ比べていました。それを友人に言うと、「セムラはイースター前の断食に備えるための高カロリー食なのよ」と釘をさされてしまいました。そ、そうでした、本来の意味をすっかり忘れておりました。数年に一度の楽しみくらいが、わたしにはちょうどよいのかもしれません。

暗く寒い日々が延々と続く冬。お菓子屋さんのショーケースにセムラが並びはじめると、もうすぐ春がやってくることを実感します。春の訪れを告げるセムラは、春を待ちわびるスウェーデンの人達の頬をゆるませるのです。

ROSENDALS TRÄDGÅRD

SEMLA   40 kr

Vetemjöl, mjölkpulver, smör, råsocker,
jäst, havssalt, kardemumma, grädde,
Bageriets egen mandelmassa: mandel,
råsocker, havssalt

06 PÄRLANS KONFEKTYR
パーランス コンフェクティール

水色の箱の手づくりキャラメル

20

ストックホルムの南地区Södermalm／セーデルマルムの東側はSOHO／ソーホーと呼ばれ、陶芸家の工房兼ショップやアンティークショップ、オーガニック専門の食材店、こだわりのセレクトショップなど、ここでしか買えないモノを揃えた、個性的なお店が建ち並ぶ、じっくり回りたい見応えのあるエリアです。

そのSOHO地区にあるPärlansは手づくりキャラメルの専門店。ダークブラウンの無垢の木で設えられた、クラシックな内装の小さな店内には、グラフィックデザインの効いたラベルの水色のキャラメルボックスや瓶入りシロップが、ギュッと詰まっています。ウインドー越しには、ボーダーを着たスタッフが銅鍋でせっせとキャラメルをつくっている様子を見ることができます。

キャラメルは定番と季節限定、共にたくさんの種類があります。水色のボックスがかわいいので、おみやげにはいつも5粒入りのブルーのボックスを買って帰ります。1粒からでも買えるので、いろんなフレーバーから数粒を選び、買付け中の小腹対策に購入。好きな味は「ヴァニラソルト」、「ラズベリー」、「レモン」。北欧の人が好きな黒い「リコリス」は、日本人には苦手な人が多いので、おみやげにはしないほうが無難です。

瓶入りのキャラメルシロップはプレーンの他、チョコレートやレモンなどのフレーバーが数種類あります。さてどうやって食べたらおいしいだろう？ バニラアイスにかけたり、パンケーキや熱々のトーストに載せて、チーズとあわせてもおいしそう……。キャラメルシロップを前に甘い妄想が広がります。

Pärlans Konfektyr
Nytorgsgatan 38,
Stockholm
☎ 08 660 70 10
parlanskonfektyr.se/

07 KNÄCKE
クネッケ

いろいろ載せたくなる滋味深さ

クネッケを初めて食べたのは、ストックホルムのホテルの朝食で。そのまま食べてみて「身体にはよさそうよね」という薄い印象で初体験はあっさり終了。翌朝、まわりの人達の食べ方を観察してみると、スライスしたチーズやハム、リンゴンベリージャムなどを載せています。なるほど！と納得し、スライスチーズときゅうりを乗せて食べてみたら、クネッケの香ばしさとチーズのスモーキーな香りが相まって「あら、おいしい！」。バリバリと音を立てながら食べる小気味好さも気に入りました。

スウェーデンの人達は毎食クネッケを食べているかと言われれば、そうでもなく、街にはオーガニックでハード系のパンが人気のベーカリーが何軒もあります。けれども必ずどの家庭にもクネッケは常備されていて、スーパーマーケットへ行けば、「こんなにも種類は必要ですか？」と、疑問を投げかけたくなるくらい、ずら〜っと多種多様なクネッケが並んでいるのです。

クネッケは紙に包まれているものがほとんどで、その紙の質感やグラフィックデザインもクネッケの魅力のひとつなのです。形は○、△、□と様々で、○に至っては直径40cm程のものまで。手工芸品店に行けば、その大きなクネッケがすっぽりと収まる、曲げ木でつくられた専用ボックスが売られていて、やはりクネッケはスウェーデン人の国民食なのだなと実感させられます。

わたしが好きな食べ方ベスト3は、①薄くスライスしたチーズ（もちろんスウェーデンのチーズで！）を載せてシンプルに、②きゅうり＋ゆで卵＋ディル＋たらこペースト、③クリームチーズ＋スモークサーモンを載せて。滋味深い味わいの

左端と右からふたつ目はオーガニック。他3点は有名メーカー「Leksands Knäcke」のもの。どこのスーパーマーケットでも手に入ります。

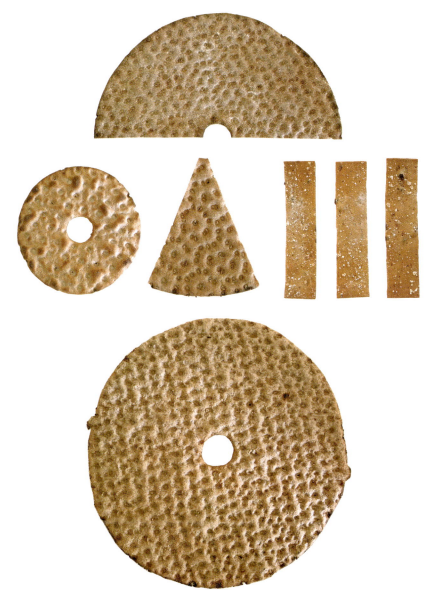

クネッケに何を載せたらおいしいか？　今でもその研究に余念がありません。
数年前に登場したコンパクトな箱入りのクネッケは、ゴマやひまわりの種などが
入っていて、それだけで食べてもおいしく、ワインのアテにぴったり！
おみやげにもちょうど良く、よく買って帰るもののひとつです。

08 | リンゴンベリー |
LINGONBERRY
こけももの真っ赤な実

短い夏が終わり、秋が近づいてくると、スウェーデンの人達はそわそわしはじめます。なぜかと言うと森で収穫できるベリーやキノコが出はじめるから。

ブルーベリーにはじまり、リンゴンベリー（こけもも）、カンタレッラ（あんず茸）と、森の恵みが順番に実りはじめます。そこで秋が近づくと、まずはベリーの様子を見に森へ出かけて行くのです。

７月に手工芸学校に滞在した時、ベリーは裏の森で実るのか訊くと、まだ摘めないけど実は成ってるよと、裏の森に連れて行ってもらいました。まだ若い黄緑色をした実をたくさんつけたブッシュが、足元いっぱいに広がり、いつまででも眺めていたい自然の風景でした。

スウェーデンのホテルの朝食では、必ずといっていいくらい、リンゴンベリージャムが用意されています。ジャムはスーパーで手に入りますが、おすすめはリンゴンベリーのコンフィチュール。Östermalm／エステルマルム広場のフードホールにあるHusmans Deli／ヒュスマンス デリ には、粒がしっかり残ったコンフィチュールの瓶詰めがあります。酸味を残しながら、程よい甘さに仕上げられたリンゴンベリーをクネッケに載せてパクリ。ギリシャヨーグルトやチーズに合わせてもおいしい、真っ赤な実です。

スウェーデンには「自然享受権」という権利があります。「自然の恵みは誰にでもそれを受ける権利がある」という考えのもと、たとえ人が所有している土地であっても、自由に入り花を摘んだり、キノコやベリーを採ることが許されているのです。ただしあくまでも節度を持ったうえで、が原則。木の枝やこけなど、生育に年月を要するものは採らない、という暗黙のルールの上に成り立っています。冬が長く厳しい環境で暮らす人々が、自然の恩恵をみんなで分かち合う。「自然はみんなのもの」というおおらかで平等な発想はいかにもスウェーデンらしいなと実感します。

Husmans Deli
Östermalms Saluhallen
Östermalmstorg, Stockholm
☎ 08 553 40 480

09 カンタレッラ
KANTALERA
秋のスペシャリテ！ 濃厚な風味のキノコ

10月のとある日、ダーラナで暮らす木工作家オーラのアトリエで打合せをした後ダイニングに向かうと、大きな木のテーブルと床一面に新聞が敷かれ、その上には乾燥中のキノコがわ〜っと広げられていました。「週末、森でたくさん採ってきたんだよ」とうれしそう。「秋の週末＝キノコ狩り」は毎年の恒例行事で、摘んだ後は、こうしてしっかりと乾燥させて、瓶に詰めて保存し、１年中使うんだよ、と教えてくれました。

これまで、料理上手のオーラがつくってくれた、カンタレッラのメニューをいろいろといただきましたっけ。クリームパスタ、じゃがいものグラタン、スープ。カンタレッラの風味が溶け出した料理は、どれも濃厚で香り高いものばかり。ストックホルムの伝統料理店で食べたカンタレッラのリゾットもおいしかったなぁ。カンタレッラの味は濃厚でナッツのようでもあり、ドライにしてもいい出汁が出るのです。ストックホルムではキッチン付きのアパートメントを借りているので、秋の買付け時は、近くの市場でカンタレッラを買って、スープやパスタをつくるのが楽しみ。採れたてはとてもしっとりと水分を多く含んでいます。オリーブオイルとガーリックとともに低温でじっくりと火を通し、茹でたてパスタと和えるだけでも十分おいしく、クリームやレモンと合わせれば上等なひと皿のできあがり！ それはそれはワインが進んでしまうおいしさ。

北欧ではグッドデザインの古いバスケットを見つけるのが、買付けの楽しみのひとつです。古くから暮らしの必需品としてつくられてきたバスケットは、収穫したじゃがいも用、捕った魚用など、ピンポイントの目的も多く、それがおもしろいのです。キノコ狩りのためにつくられたバスケットもあって、子ども用のフタ付きの小さなものから、すごく深さのある大きなものまで、サイズも形も豊富。中には肩にかけたり、背負うためにストラップが付けられたものまで……。バスケットのラインナップの充実ぶりは、森へキノコ狩りに出かける人が、昔も今も多いことを物語っています。

10 THE TEA CENTRE OF STOCKHOLM
ザ ティー センター オブ ストックホルム

ノーベル賞晩餐会のフレーバーティー

12月に入るとストックホルムの街は賑やかになります。クリスマスムードが盛り上がるのはもちろん、ノーベル賞の授与式も近づくからです。

スウェーデンの発明家、アルフレッド・ノーベルの遺言により1901年にスタートしたノーベル賞は、ノーベルの命日である12月10日に授与式と晩餐会が行われます。その晩餐会でサーブされる、香り高くとてもおいしい紅茶があります。その名は「Söderblandning／セーデルブランドニン」。矢車草のブルー、ローズの濃いピンクにオレンジピール、眉目麗しさもこのフレーバーティーの魅力。

このSöderblandningを売っているのがThe Tea Centre of Stockholm。ドアを開けると紅茶のいい香りが漂い、少し暗めで落ちついた雰囲気。常連さんがオーダーするのを待つ間は、オーナーが集めたというミニチュアのティーセットのディスプレイも楽しめます。どんな紅茶が好みか伝えると香りを試させてくれるので、その中から気に入ったものを選び、100gの袋詰めで買うことができます。

しばらくの間、Söderblandning一辺倒でしたが、ある時、季節のおすすめを訊いてみると、秋はベリーの時期なのでと、「Skogsbär／スコグスベール」をすすめてくれました。甘酸っぱくてやわらかな香りがふわっと広がり、中にはリンゴンベリーや大きなラズベリーがゴロっと入った、その名も「森のベリー」。

どちらのフレーバーも毎回大きなサイズを買って帰り、キッチンの保存瓶に移し、小袋に分けたものは友人へのおみやげに。夏には、一晩水出ししてアイスティーにすれば、これまた格別な冷たい飲みものができあがります。

The Tea Centre of Stockholm
Hornsgatan 46, Stockholm
☎ 08 640 42 10
www.theteacentre.se/

11 SVENSKT TENN TESALONG
スヴェンスク テン ティーサロン

老舗インテリアショップのティーサロン

1924年創業のオリジナル家具とテキスタイルの老舗店Svenskt Tenn。広々とした店内には、家具やテキスタイルを設えたディスプレーが、窓際の明るいエリアにゆったりと贅沢に展開されています。それを見ているだけで、こんなデイベッドの上で、昼間から本を読んで優雅に過ごせたら……、と妄想がふくらみ、しばしの間、心を豊かにしてくれます。

そのお店の2階にカフェがオープンしたのは数年前。英国式ティーサロンらしく、紅茶はポットサービスで、グリーンのロゴ入りカップ＆ソーサーでいただきます。手づくりの焼き菓子はガラスドームに入った中からお好きなものを。アフタヌーンティーのセットもあり、小エビのオープンサンドや焼き菓子が載った三段トレーを前に、優雅な午後を過ごしているマダムもちらほら。

ティータイム以外にランチもあり、ベーシックなオープンサンドや、夏はいろんな野菜がカラフルに載ったサマーサラダもおすすめ。スパークリングワインがグラスで頼めるのもさすがティーサロン！　ありがたいラインナップです。

窓際のテーブルについて外を覗けば、水辺をボートが行き交い、年配のマダム達が白いポットに入った紅茶を前におしゃべりする声も心地よく響きます。きちんとした洋服に身を包んだ子供が焼き菓子を食べているのを見ると、自然とこちらの背筋もすっと伸びてしまいます。たとえ予定が詰まっていて長い時間が取れないとしても、ここでは落ちついたティータイムを過ごそうと心掛けています。

カジュアルなカフェのフィーカとはひと味違った、ティーサロンで過ごすお茶の時間もたまにはよいものです。

SVENSKT TENN TESALONG
Strandvägen 5, Stockholm
☎ 08 670 16 98
www.svenskttenn.se/

12 ACCESS CARD
アクセス カード
街を自在に動き回るプリペイドカード

「バスを制するものは街を制する」、わたしの持論です。何番のバスがどのルートを通るかを記憶してしまえば、地下鉄とバスの乗り継ぎがスムーズになり、街を一日中移動する時や重い荷物を持っている時は、とても助かります。

このAccess Cardは地下鉄、鉄道はもちろん、バスにも使え、しかもカバーしているエリアが広いので、「ここでも使えるの？」と驚かされます。

ストックホルムは初めてという友人やツアーのお客さまにすすめる、Gustavsberg/グスタフスベリ（陶器の博物館とアウトレット）は市外にあり、バスで20分ほどかかりますが、そこに行く時もAccess Cardが使えるのです。

カードは1日、3日、1週間の中から選べるプリペイド式。その期間内は乗り放題。購入は地下鉄各駅にあるキオスク、Pressbyrån/プレスビロンでどうぞ。

13 DJURGÅRDSFÄRJAN
ユールゴーズフェリアン
知っていると便利な船のルート

ストックホルムは水の都と呼ばれる美しい街。東側にはアーキペラーゴと呼ばれる群島があり、その島々へ向かうフェリーがキラキラした湖面を行き交う風景は夏の風物詩。しばし足を止めて見入ってしまいます。

街の東側にあるDjurgården/ユールゴーデン（王立公園）と南のSödermalm/セーデルマルムをわずか10分で結ぶフェリーがあります。この便利な路線を知るまでは、バスとトラムを乗り継いで30分弱も時間をかけていたので、今では快適に素早く移動できています。そしてこのフェリーもAccess Cardで乗車できるのです！

王立公園の船着き場からすぐ近くに、Grona Lund/グローナルンドという遊園地があるので、夏は遊園地を楽しみにしている、ウキウキワクワクの子供達でいつも賑やか。春や秋は平日ともなれば人気はぐっと少なくなり、静けさが漂います。

14 | ティーセントラーレン ウォールアート |
T-CENTRALEN WALL ART
モザイクタイルが美しい地下鉄アート

街を移動する際に、特に利用頻度の高いのが地下鉄 T-bana。ストックホルムの地下鉄は、グリーン、ブルー、レッドの3路線のみ。東京の複雑な路線図とは異なり、すぐに把握できてしまうほどシンプル。ストックホルムは地下鉄アートが有名ですが、中でもわたしが一番好きなのは、中央駅のグリーンラインの3番線と、レッドラインの4番線があるプラットホームのモザイクタイルアート。

1957年に完成したモザイクアートは、左右それぞれふたりのデザイナーのコラボレーションによって生み出されました。片方はガラスで色付けされたカラフルなタイルが145mにわたり縦、横、斜めにびっしりと貼りめぐらされていて圧巻！反対側は、白を背景にタイルで造られた個性的なモチーフが等間隔に並びます。このデザインを手掛けたのは、シグネ・ペーション・メリンとアンデルス・エステルリン。今も現役で活躍するプロダクトデザイナー、シグネ・ペーション・メリンの大ファンであるわたしは、ある日購入した彼女の作品集に、このモザイクアートを発見！　数ある地下鉄アートの中で、一番好きなデザインをシグネが手掛けていたとは。驚きと同時に妙に納得したものです。

電車を何本か見送ってでもしっかり観たい、見応えのあるパブリックアートです。

  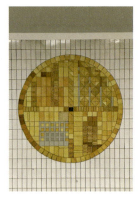

15 | ユールゴーデン リンイェン |
DJURGÅRDEN LINJEN
王立公園を走るクラシックトラム

街の東側にあるDjurgården/ユールゴーデンは、ストックホルムに行くと必ず訪れるガーデンやビストロがあるので、よく足を運ぶ場所。ここは他にもNordiska Museet（スウェーデンの歴史を学べる民族博物館）やVasa Museet（船の博物館）、Grona Lund（遊園地）、ABBA the Museum（ミュージシャンABBAの博物館）など、大人も子供も楽しめるアミューズメントがたくさん詰まった、緑豊かな公園です。

Djurgårdenへは街の中心部からトラムかバスで行けますが、わたしは断然トラム派。夏はキラキラする湖面を、秋は黄色く染まった紅葉を眺めながら、終点までの約３キロの距離を四季折々の景色と共に楽しみます。トラムには新しい車輛（路線7）と、運行本数が少なく、その昔走っていたクラシックな車輛（路線7N）があって、トラムを待っている時に、クラシックな車輛が走って来たらそれはラッキー。クラシックなトラムは何種類もあって、形は直線で構成された箱のような車輛から丸みを帯びているものまで様々。色も薄い水色から濃いブルーまで、バリエーションが豊富なので、その違いを発見するのもまた楽しいのです。クラシックなのは外観だけではなく、車内でも、昔ながらのこげ茶色の板張りはそのままに、貼り出されている広告までも昔のもの。そして運転している車掌さんもまたご年配。タイムスリップしたような感覚をほんのひととき味わえます。

16 CAFÉVAGNEN
カフェヴァグネン

トラムのカフェでフィーカ

路線7を走るトラムには、車内でフィーカができるという、夢のような車輌が運行しています。2017年に運行25周年を迎えたCafévagnenは、白と明るいグリーンの2両編成で、車輌にコーヒーカップを載せるという、新たな装いで運行をはじめました。この新しいトラムが走っているのを街ではじめて見た時は目を奪われました。その数時間後、Djurgården／ユールゴーデンでトラムを待っていると、森の中からなんとこの車輌が現れて、奇跡的に乗り込むことができたのです！　きれいなブルーのシートとグリーンの手すり、板張りの床。そしてかわいいカーテン。電車が走りだすと、てきぱきとした女性がシナモンロールやカップケーキが載ったトレーを持ってくるので、その中から選んで飲み物をオーダー。フィーカを楽しみに初めてスウェーデンにやってきた友人と一緒に、胸を高鳴らせながら初乗車を楽しみました。

ふと時間ができた晩秋の土曜の朝、始発のCafévagnenに乗った時のこと。乗客はご年配のおじさま3人組と高校生くらいのかわいいカップル。トラムに乗ってフィーカをしながらデートをするなんて、うらやましいという言葉以外見つかりません。中心部からDjurgårdenまで行って戻ると約30分ですが、フィーカを続けたければ、そのまま乗り続けられます。わたしはシナモンロールとコーヒーを

いただきながら、公園のきれいな紅葉を眺めて1往復半で降りましたが、おじさま達はあれから何往復したのでしょう。そんなのんびりとした雰囲気のトラムなのです。

前の車輌は乗車のみ、後ろの車輌はフィーカができるシステムで、乗車券が必要です。運行は土日のみなので、絶対に乗りたい方は、タイムテーブルをしっかり確認して、始発のNorrmarmstorg／ノールマルムストリエという広場からの乗車をおすすめします。

17 ROSENDALS TRÄDGÅRD

ローゼンダール トレードゴード

世界で一番好きな癒しのガーデンカフェ

トラムに乗ってDjürgåden／ユールゴーデンの緑の中を抜け、Bellmansro／ベルマンスロ停留所で降りて歩くこと5分。大きな栗の木の森を抜けると、広大なRosendals Trädgårdが目の前に現れます。

広々としたガーデンには、菜園や花畑の手入れをしているスタッフの姿。白い木枠の温室が点在し、その向こうにはリンゴの樹のガーデン。カフェには、オープンサンドウィッチと焼き菓子が並び、おいしそうな料理をトレーに載せて、ガーデンに向かう人達。リンゴの樹の下でいただく、オーガニック素材にこだわった料理は、質の良い素材そのものを生かした、身体が喜ぶおいしさ。

ランチでお腹を満たした後は、隣りのベーカリーショップへ。窯で焼かれたオーガニックのパンやペストリー、瓶詰め、紅茶などのオリジナル食材が、ずらりと陳列されています。定番で買って帰るのは、ナッツのハチミツ漬けやリンゴンベリービネガー、ブルーベリージャムなど、瓶詰めの重いものばかり。ここに来る時はエコバッグが必需品です。エコバッグと言えば、Rosendalsオリジナルの、リンゴの樹のロゴ入りエコバッグもおすすめ。

プランツショップには、ガーデンで摘んだ植物でつくられたリースや、かわいらしい鉢植が色とりどりに並んでいて、中には日本では見たことのない植物も。

ここにはもう20年近く通っていますが、そのたびに写真をたくさん撮っていて、「Rosendalsの写真集がつくれるのでは？」と思えるほど、膨大な量の画像をパソコンに収めています。どこを見渡しても、写真に収めたくなるくらい、フォトジェニックなシーンがいっぱいのガーデンなのです。

都会のオアシス、サンクチュアリ、楽園……。このガーデンのすばらしさを一言で表すのは難しいですが、確かなのは、「北欧で一番好きな場所」ということ。

ストックホルムには、毎年春と秋に1週間、夏は3週間程滞在しますが、その度に、「今回はRosendalsに何回行けるかな？」とカレンダーをじっと見つめます。天気が良い日には、自然と足が向き、仕事のスイッチは一旦オフ。夏はリンゴの樹の下で、寒い時期なら温室で焚かれた暖炉で温まりながら、ガーデンカフェでのひとときを、堪能しています。

Rosendals Trädgård
Rosendalsvägen 38, Stockholm
☎ 08 545 812 70
www.rosendalstradgard.se/

44

45

18 | スヴェンスク ヘムスロイド |
SVENSK HEMSLÖJD
伝統の手工芸品を探すなら

「北欧雑貨の中で特に好きなものは何ですか？」と訊かれることがありますが、わたしが好きな北欧雑貨にはふたつのカテゴリーがあります。ひとつは1950～60年代にデザインされたヴィンテージで、発色のきれいなホーローのキッチン用品や重ねた時の納まりまで計算された陶器やグラス。もうひとつは古くから手しごとによって生み出されてきた手工芸品。どちらもいまだのめり込んでいる、ふたつの大きな河です。

ストックホルムで手工芸品を探すなら、おすすめしたいのがSvensk Hemslöjd。「スウェーデンの手工芸」という意味のこのお店は、スウェーデン全土から選び抜かれた、手しごとによる逸品が揃います。全国各地で制作される作家もののクオリティーは高く、ここでしかお目にかかれないものも。北欧らしい色合いの毛糸や刺繍糸の充実ぶりに、手芸好きの人なら胸を弾ませることでしょう。

ここのお店に行って手ぶらで帰った記憶はないほど、その品揃えは信頼のおけるもの。大きな木のスプーンや曲げ木のボックスはサイズ違いで毎年購入。冬には壁一面に掛けられた手編みの手袋の中から、気に入った柄を選びます。初めてこのお店で買った白樺のバスケットは、20年近く経った今、だいぶいいあめ色に育ちました。

店長のイェニーとの付き合いは長く、彼女の自宅に招かれたことも。訪れてみると、家はもちろん「手工芸の館」。好きなことを仕事にし、手工芸に情熱を注いでいる彼女にはシンパシーを感じていて、お店で会えるのをいつも楽しみにしています。手工芸のつくり手の高齢化問題は北欧にもありますが、こうした手工芸の魅力を伝えるお店が支えになっています。日々の暮らしに寄りそう手工芸のすばらしい文化を、絶やさないで欲しいと願うばかりです。

Svensk Hemslöjd
Norrlandsgatan 20,
Stockholm
☎ 08 23 21 15
svenskhemslojd.com/

47

19 | パレード |
BYREDO
香りに魅せられて

ハイブランドのショップが建ち並ぶ Norrmalmstorg／ノールマルムストリエ 界隈にある、ストックホルム発の香水ブランド Byredo。独自の世界観を表現したショップは、全面ブロックガラスの壁を背景に、香水のボトルがずらりと並びます。ユニセックスなラインナップが特徴で、男性が自分用に香水を選んでいる姿も時々見かけます。

わたしがここで初めて選んだパフュームは「Green」。「華やかというより、落ちついた香り」というリクエストに合わせてすすめてくれた3種類のうちのひとつです。早速使いはじめると、まずセージとビターオレンジの葉 → 次にジャスミンとスミレ → 最後はベースであるムスクの香り。この一連の流れがとても気に入り、次に行った時には、同じ「Green」の革のケースに入ったトラベルパフュームとハンドクリームを購入。気に入った香りが見つかれば、いろんなアイテムを揃えられるのもうれしいラインナップ。

Byredoの魅力は、香りだけではありません。パッケージデザインもまた注目すべきところ。ブランドの顔である香水ボトルは、円柱形でそっけないほどのデザイン。グラフィックはすべてモノトーンで統一され、書体はさりげなく。デザインをここまでシンプルにできるなんて。削ぎ落とす潔さを感じます。

香水やボディーローションに加え、ロールオンタイプのオイルも。さらに最近では、スプレータイプのヘアーパフュームや、歌舞伎の化粧筆をイメージしてつくったという、パウダー状のフェイスパフューム、その名も「Kabuki Perfume」が登場。香りのまとい方の表現方法を探求し続けるByredoの創業者ベン・ゴーラムのクリエーションからは目が離せません。

Byredo
Mäster Samuelsgatan 6, Stockholm
☎ 08 525 026 15
byredo.eu/

20 | リラ ブルケット |
L:A BRUKET
スウェーデン発のオーガニックスキンケアブランド

L:A Bruketはスウェーデンの西海岸にある、海辺の小さな工房で2010年に生まれたスキンケアブランドで、数年前に、Södermalm／セーデルマルムに直営店をオープンさせました。

コンパクトな店内の壁の足元は、木が波打っているかのような、オーガニックな設えが印象的。中心にはシンクのある石造りのカウンターがあり、そこでソープやクリームなどを試して、使い心地を確かめることができます。アイテムは海藻や天然の塩のミネラルが成分のバスソルトや、入浴剤などのバスライン、ソープ、保湿クリームなど、天然成分と香りにこだわったスキンケアシリーズです。

ラベルには古いタイプライターで打ったような、少しかすれた感じの、味わいのあるフォントが並び、それぞれの香りは3桁の数字で表現されています。わたしが愛用しているハンドクリームは、092のセージ、ローズマリー、ラベンダーのハーブの香りと、116のワイルドローズ。家で仕事をしている時、気分転換にハンドクリームをつけて、リフレッシュするのにぴったり。

買付けた商品を梱包していると、新聞やダンボールに油分がどんどん吸い取られて、それはもうカサカサに。北欧は日本と比べるとだいぶ乾燥していることもあって、ハンドクリームは必需品。バッグに入っていないと焦ってしまいます。

L:A Bruketのハンドクリームはサイズが2種類で30mlの小さなサイズは普段持ち歩くのにちょうどよい大きさ。アーモンドオイルとココナッツオイルが成分のビッグサイズのリップバームと共に、ちょっとしたプレゼントにしても喜ばれます。

L:A Bruket
Södermannagatan 19,
Stockholm
☎ 08 615 00 11
labruket.se/

21 ｜ リユース ｜
REUSE
不要品を循環させるしあわせな仕組み

スウェーデンで暮らす友人の家に行くたびに感心するのは、部屋がいつもきちんと整理されているということ。モノがあふれている状態は見たことがありません。その秘密は「セカンドハンドショップ」にあると知ったのは、しばらく経ってからでした。

セカンドハンドショップとは、中古品を格安で販売するお店ですが、その商品の仕入れ方に独自性があります。家庭で不要になったモノ（洋服、家具、食器、本、レコードと、基本なんでもOK）をお店に持っていき寄付。その売上はシングルマザーとその子供達など、生活困難な人々に寄付されるという流れ。不要品をリユースするというサイクルの一方で、寄付ができ、困っている人達の暮らしをサポートできるという仕組みなのです。

スウェーデンはセカンドハンドショップの先進国。中には、国や各自治体が運営するものまであるという充実ぶりです。モノを循環させる仕組みが成り立っていれば、ゴミとして捨てるモノも減り、環境面でも貢献ができるという素晴らしいシステム。目指すはサスティナブルソサエティ（持続可能な社会）。スウェーデンは本当に賢くてスマートな国だと、この仕組みを理解した時は感動したものです。

わたしも買付けのためにセカンドハンドショップは必ずチェックします。ほとんどはガラクタですが、そんな中から「これは！」というモノをリーズナブルな値段で見つけられた時の高揚感は、セカンドハンドショップならでは。国営のMyrorna／ミーロナや市営のStockholms Stadsmission／ストックホルム スタズミホーンは市内に何軒もあるので、興味がある方は宝探し気分で覗いてみてください。

Myrorna
www.myrorna.se/

Stockholms Stadsmission
www.stadsmissionen.se/

22 | BYGGFABRIKEN
ビグファブリーケン

「家はリノベーションして住む」という考え方

北欧で街歩きをする楽しみのひとつに、建物を観てまわることがあります。古い建物はドアに重厚感があって、彫り模様はひとつひとつ異なり、壁は過度に目立つことはなく、落ちついた独自の色合い。有名建築ではなくても、普通のアパートメントが、いい雰囲気をかもしだしているのです。

部屋はどうなっているかというと、住んでいる人達が自由にリノベーションしているので、実に様々。ガス、電気、水道はプロに任せるけれど、それ以外の床や壁、棚などは基本的に自分達で。DIYの完成度はプロ級なのです。そして決して似かよったスタイルにまとまらないのがスウェーデンのリノベーション。個性の際立ち具合に惚れ惚れします。共通しているのは、白い壁と無垢の木の床くらいで、間取りは自由。自分達が暮らしやすい空間づくりにこだわっています。

スウェーデンのリノベーションにすっかり影響を受けたわたしは、2011年に東京の自宅のリノベーションを実現しました。床はスウェーデンのアパートメントでよく使われている無垢のヘリンボーン。ヴィンテージの家具と特注で造った白い家具が共存する、理想の住まいが完成しました。

部屋の細かなパーツを探している時に、友人がすすめてくれたのがリノベーションに必要なものがいろいろと揃うByggfabriken。リノベーションがさかんなスウェーデンらしいお店には、蜂の巣型のピータイルや、北欧らしい色合いのペンキ、陶器のバスタブまで豊富な品揃え。スウィッチやフック、取っ手に至っては、バリエーションがあり過ぎて迷ってしまいますが、それもまた楽しいのです。

わたしはここで、バスルームで使う、裏が収納になった鏡（この梱包は本当に大変でした……）や鍵やフックなどを揃えました。次の引越しに向けて、ぜひ購入したいと思っているのがスウィッチ。白もいいのですが、アパートメントやホテルで使われている黒を見ると「締まっていいんだよな」と、最近は黒に傾いています。スウィッチひとつで空間の印象はずいぶん変わるもの。

「白か黒か」物件探しと並行しながら検討しなくては。

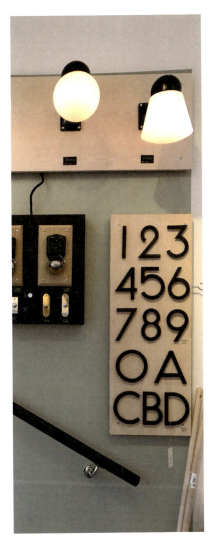

Byggfabriken
Roslagsgatan 11,
Stockholm
www.byggfabriken.com/

23 SYSTEMBOLAGET
システィエムボーラゲット

すっきり美しいアルコール専門店

SPOONFULを立上げる前年の2004年に、長い買付けの旅に出ました。コペンハーゲンから始まり、スウェーデンを徐々に北上して、最後はフィンランドを巡る旅で、ストックホルムには1カ月半滞在しました。すぐに「あれ？」と思ったのは、スーパーマーケットに並んでいるのはビールだけで、ワインがないこと。不思議に思ってお店で訊けば、スーパーマーケットではアルコール度数4％以下のものしか扱っていなくて、ワインはお酒の専門店でしか取り扱いがないとのこと。専門店の名前、Systembolagetを教えてもらって行ってみると、棚はカテゴリー別、さらに原産国別に分類され、インデックスが付けられていて、わかりやすさ抜群。店内はとてもすっきりとしたレイアウトで、なにより明るくて清潔感があって「お酒＝夜」のイメージとは真逆の雰囲気に驚いたものです。

お酒はこの国営専門店でしか買えず、日曜日は休み、土曜も午後の早い時間には店仕舞い。これは「国民がアルコールを取りすぎないために講じた国の策」と聞いたことがありますが、土曜日の閉店前には、お店は混みあい、みんなカゴにたくさんのお酒を入れて、レジには長蛇の列。この光景をみると、あまり「飲み過ぎ防止」にはなっていない気もしますが……。土曜日に朝から買付けをしていると、このお店の閉店時間が気になってしまうので、今では金曜日に調達するようにしています。「週末のお酒の重要性」はわかる人にしかわからないのです。

ありがたいことに、レジ横にはワインの空き箱が積まれていて、仕切りのあるワイン箱は割れ物の梱包にとっても便利。お酒と空き箱、どちらもここで調達しています！　街で緑色に黄色い文字の看板を見かけたら、ぜひ入ってみてください。

Systembolaget
www.systembolaget.se/

24 　クラフトビール
CRAFT BEER
飲み比べが楽しいラインナップ充実のクラフトビール

58

スウェーデンはクラフトビールが豊富で、お店には大手メーカーのもの以外にも、いろんなクラフトビールがずらり。産地は北から南まで全国にあり、その土地でしか飲めないものもあります。普段はワイン派のわたしですが、湿度が低い北欧ではビールがおいしく、土地土地の地ビールを飲み比べるのも楽しみのひとつ。Systembolagetのビール売場は、「Ale／エール」のコーナーが広く取られ、種類も充実。スウェーデンで飲み比べをしているうちに、すっかりAleのおいしさに目覚めてしまいました。ひとくちにAleと言っても味わいは実に様々。苦みを主張するものから、フルーティーで後味が甘いものやアロマ感のあるものまで。豊富なラインナップの中から、いつも数種類選んでは、その個性を楽しんでいます。

夏の北欧は、湿度の高い日本と違ってカラッとしていて、ビールが本当においしいのです。「ビールを飲まずに何を飲むの？」と当たり前のことのような顔をして、昼間から堂々とビールを飲んでいます。

ストックホルムに着いてまずすること、それはアパートメントの近くのSystembolaget に行って、ワインとビールを買い込むこと。アパートメントに帰って冷蔵庫にそれを収めるとひと安心。買付けで歩き回ってへとへとになって帰った夕方、まず冷蔵庫からビールをチョイス。シュポっと栓を開ける音が小気味好く響き、グラスに注いでクーッとひと口。重い荷物を掛けてパンパンになった肩の凝りが、すーっと抜けるように感じられる瞬間です。

25 STOCKHOLMS BRÄNNERI DRY GIN
ストックホルム ブレネリ ドライ ジン

ハーブの香り豊かなオーガニックジン

ディナーの前や後にバーでよく頼むのは、季節のフルーツを使ったカクテルやミントたっぷりのモヒート、そしてジントニック。

このドライジンを初めて見たのは、Oaxen Slip／オアクセン スリップ（p062）のバー。カウンターで食前に1杯、と思いお酒の棚を眺めると、昔ながらの茶色い薬瓶のようなボトルが目に留まりました。見せてもらうと、Stockholms Bränneri Dry Ginと書かれ、「ストックホルムで醸造されているオーガニックジン」とのこと。ジントニックをオーダーして飲んでみると、スパイシーな中にハーブのやわらかな香りが混じって鼻腔を通り抜け、後味はすっきりしていてとてもおいしい。ラベルに惹かれて選んだけれど、味も期待を裏切らない確かなものでした。

ジュニパーベリー、エルダーフラワー、レモンピール、ローズマリーなど七つのオーガニックの植物を使ってハンドメイドでつくられ、ラベルにはブレンドした人の手書きのサインが入っています。

おいしさの秘密はもうひとつ、製造に使われるストックホルムの水道水にあります。ストックホルムの水道水は質が高く、自宅でもレストランでも水道水を飲むのが一般的。わたしもアパートメントの水道水を普通に飲んでいますが、嫌な香りはまったくせず、冷たくておいしいのです。

お酒を日本に持って帰るのは、瓶が分厚く重いので躊躇してしまいますが、この味が自宅でも楽しめるのなら、とたびたび買って帰ります（蒸留所のあるSödermalm／セーデルマルムの Systembolaget で買えます）。帰国して仕事が落ちついた時にいただくジントニックはしみじみおいしく、買ってきてよかったなーと思うのです。

26　OAXEN SLIP
オアクセン スリップ

食器はすべて北欧ヴィンテージ

スカンジナビアン航空の機内誌を読んでいる時、ストックホルムのおすすめスポットの記事に目が留まりました。天井からは船が吊るされ、港からの光が入った明るい店内のレストラン。場所はよく訪れるDjurgården／ユールゴーデン。「これは行かなくては！」と、ストックホルムに住む友人とランチに行きました。

もともとはストックホルムの郊外にあったお店がDjurgårdenに移転して、再オープンしたそうで、大きな船を天井から吊るしたなんともダイナミックな空間造り。港側の壁は天井まで総ガラス張りで明るく、反対の壁側はバーカウンターで、グラスやお酒のボトルがずらりと並んでいます。

初めて訪れるレストランで、興味をかき立てられるのはインテリアと食器。ここは家具をはじめ、サーブされる食器もすべて北欧のヴィンテージ！　スウェーデンのグスタフスベリやロルストランド、フィンランドのアラビアの食器が使われ、銘々皿にはいろんな種類のディナープレートが配られます。テーブルに並んだヴィンテージ食器を囲んで、「このお皿もすてき」と、食事の前にひと盛り上がり。ヴィンテージ好きのわたしにとって、今日はどんな食器が登場するんだろう、と料理を待つ間の楽しみがこのレストランにはあります。

ここでは北欧で捕れる魚料理や秋になるとジビエをいただきます。サイドオーダーも充実しているので、人数に合わせて野菜料理やフレンチフライなどを添え、わいわい楽しくシェアしながらいただける、カジュアルさがいいビストロです。このレストランを発見してからというもの、飛行機や電車に置かれた冊子には必ず目を通して、現地の最新情報を見逃さないようにしています。

Oaxen Slip
Beckholmsvägen 26, Stockholm
☎ 08 551 531 05
oaxen.com／

27 SVARTENGRENS
スヴァッテングレンス

熟成肉が自慢のレストラン

魚がおいしい北欧では、サーモン、サバ、イワナなど、レストランでもアパートメントでも料理するのには魚を選ぶことが多いのですが、「今日は肉な気分」になることがたまにあります。そんな時に向かうのが、ここ Svartengrens。熟成肉のレストランとして街で評判です。

店に入ると、壁際の椅子には北欧らしい色合いの生地を張ったシートと使い込まれた古いテーブルを合わせ、他の椅子も北欧のヴィンテージをあえてバラバラにミックスしたインテリア。

地下の貯蔵庫で熟成された肉は、部位ごとに分けて温度管理されています。メニューも肉の部位ごとに分かれているので、解説をお願いするとジェスチャー付きでわかりやすく説明してくれます。人数が3〜4人なら、いろんな部位の盛り合わせをシェアすることもできます。

熟成肉のステーキと赤ワインという王道の組合せはもちろん、丸鶏を回しながらじっくり火入れし、皮はパリパリお肉はしっとりに仕上げたグリルドチキンや、噛みごたえのある手づくりラムソーセージもおすすめです。

前菜は盛付けが凝っていて、自然と肉への期待が高まります。サイドオーダーのカリカリに揚げたフレンチフライもぜひ一緒に頼みましょう！

バースペースもあり、バーだけを利用しにくる人も多くいます。フルーツカクテルも種類があって、わたしはリンゴンベリーのカクテルを食前にいただきます。

Svartengrens
Tulegatan 24, Stockholm
☎ 08 612 65 50
www.svartengrens.se/

28 | エリックス ゴンドーレン
ERIKS GONDOLEN
フレッシュなカクテルと地上38メートルの眺望

Södermalm／セーデルマルムの入り口にあるSlusen／スルッセン広場から見える、ビルからニョッキッと飛び出している棒状の展望台。その展望台の下の階にあるレストランバーがEriks Gondolen。ビルの9階、地上38メートルのバーからは、左手に三つの王冠を載せてスッとそびえ建つ市庁舎やGamla Stan／ガムラスタンにあるドイツ教会、右手には王立公園とその向こうに広がる湖。ストックホルムの美しい景色が一望できて、なんとも魅力的なのです。

ここは週末ともなればかなり混雑し、活気があります。平日でも、会社帰りに立ち寄ったであろう地元の人達を見ていると、こんなロケーションのバーが近くにあっていいなー、といつもうらやましく思います。

夏はフレッシュなイチゴを使ったストロベリーダイキリやジンと柑橘をあわせたカクテルを。モヒートをオーダーすれば、たっぷりのミントをギュッギュッと力を込めてつぶし、飲む前の気分を高揚させてくれます。ソファ席もありますが、わたしは真っ赤なベストを着たバーテンダー達がお酒をつくる様子を、カウンター越しに眺めながら飲むのが好きです。

おすすめの時間帯は、夕方まだお客さんがまばらなオープン直後。友人とディナーの待ち合わせ前や、買付けが終盤に差しかかり、気持ちに余裕ができた夕方、ここのカウンターに座ります。その日の気分でオーダーして、ずらりと並んだお酒のボトル越しに湖を眺めながら、トワイライトタイムを楽しみます。

初めてストックホルムを訪れた友人を連れて行くと、誰もが喜んでくれる、期待を裏切らないバーなのです。

Eriks Gondolen
Stadsgården 6, Stockholm
☎ 08 641 70 90
www.eriks.se/

29 FOTOGRAFISKA
フォトグラフィスカ

眺めにうっとりする写真美術館のレストランカフェ

わたしにはストックホルムのおいしいものについて、全幅の信頼を寄せる食通の友人がいます。ストックホルム滞在スケジュールを彼女に連絡すると、おすすめレストランの候補が彼女のコメントと共に送られてきて、食いしん坊同士の相談がはじまります。北欧の食についての質問にも的確に答えてくれ、時にはポテトをおいしく食べる調理方法について熱く語り合ったり。そんな彼女に連れて行ってもらったお店は数知れず。生の魚を選んで好みに合わせ調理をしてくれる、タイル貼りのスタイリッシュなレストランや、気軽に通いたいけれど予約が困難なビストロなど、どこもおいしいのはもちろん、雰囲気もよくて、身も心も満たされるお店ばかり。Fotografiskaを知ったのも、彼女とディナーに行ったのがきっかけです。当時は１階で暗証番号を訊いてエレベーターで２階へ行くシステムでしたが、今は美術館の入場料を払えば誰でも訪れることができます。エレベーターの扉が開くと、大きく切り取られた窓の向こうに、パノラマビューで広がるストックホルムの美しい街並み。それはもうのけぞるほどの絶景で、しばし呆然。美術館の２階にこんなすてきなレストランがあったなんて！

この夜いただいたのはベジタリアンのコース。菊いものグリル、シェフが森で摘んだ野草のスープといった地元で採れた食材のヘルシーなコース仕立て。

わたしが訪れた４月は、まだ外は肌寒くコートは必須ですが、日没は日に日に延びていて、夜は20時くらいまで明るく、夕暮れで街がうっすらピンク色に染められたトワイライトタイムが１時間以上続くのです。「マジックアワーってこうゆう感じなのかな？」と思いながら、窓の外の景色にうっとり見惚れていました。

Fotografiska
Stadsgårdshamnen 22, Stockholm
☎ 08 50 900 530
fotografiska.eu/

71

30 WOODSTOCKHOLM
ウッドストックホルム

ワインも料理も人もいい

SödermalmのSlussen駅から徒歩圏内に、Mosebacke torg／モーセバッケトーリという広場があります。周辺には、街を見下ろせるビアガーデンやシアター＆バーがあり、夜になると賑やかになるエリア。

お酒の中でもとりわけワインが好きなわたしが、おいしいワインと料理をめざして通っているレストラン、Woodstockholmもこの広場に面しています。

ここはこだわりの地元食材を使った料理と、小規模な生産者が造る自然派ワインを堪能できる小さなレストラン。

ランチの日替わりメニューは肉、魚、ベジタリアンの3種類。12時台は混み合っていますが、13時すぎに行くと混雑の波は落ち着き、ゆっくりできます。

ディナーはアラカルトと、それをコース仕立てにすることもできます。ベジタリアンメニューはランチ、ディナー共に常に用意されているので、今日は軽く、という日にもぴったり。

ディナーはその日の看板メニューを英語に訳してもらって、スタッフと組合せを相談しつつ、それに合うワインをグラスでいろいろとすすめてもらいます。

この選んだ料理に合わせるセレクトがまたすばらしくて、1杯ごとに「どう？」「うん、おいしい！」と会話をしたり、時には目で合図をしたり。スタッフはみんなとてもフレンドリーで、いつ行っても居心地がいいのも魅力のひとつになっています。

Woodstockholm
Mosebacke torg 9, Stockholm
☎ 08 36 93 99
www.woodstockholm.com/

WOODSTOCKHOLM
Lunch
Pris: 135:-
VÄLKOMNA!
MÅNDAG
STÄNGT
TISDAG
RÄKA
DILL
TORSK
ONSDAG
MOROT
LÖK
GRISSIDA
TORSDAG
MANDEL
DRAGON
KOLJA
FREDAG
GURKA
LINGON
OXFÄRSBIFF
VECKANS VEG
AUBERGINE
PARMESAN

31 HERMANS
ヘルマンス

お腹をすかせて訪れるベジタリアンレストラン

ストックホルムで街の風景を撮るなら、ここがベストとおすすめしたい場所が、Södermalmの大通りKatarinavägen／カタリーナヴァゲン。湖を挟んで広がる街の北側の風景が一望でき、建物の高さが統一されているため、空がとても広くて緑も豊か。ほんとうに美しい街だと感じてもらえるスポットです。

その大通りの突き当たりにあるのが、ベジタリアンのHermans。ビュッフェスタイルのこのお店では、まずお金を払ってプレートを受け取り、料理がずらりと並ぶ部屋へ。生野菜や豆、チーズを使ったサラダ、温かいラタトゥイユ、こんがりローストされた皮付きポテトにラザニア、カレーが数種類。全粒粉のパンにはフムスも添えて……。あれもこれもと目はキョロキョロ、つい欲張りになってしまって、お皿は山盛り。よそっている途中で一度に全種類制覇は無理と判断し、前半後半の2回に分けるようにしています。

北欧に1カ月滞在する時、キッチン付きのホテルやアパートメントでは、なるべく自炊します。手の込んだものはつくらず、味付けは「塩、レモン、オリーブオイル」と至ってシンプル。旅の後半ともなれば、「たまには違った味を」と身体が欲します。そんな時、ここに行けば、いろんな国のおいしいメニューをあれこれ楽しめるのです。ベジタリアンと聞くと、なんとなく物足りなさが否めないイメージがありますが、ここでは、そんな心配はいりません。調理法も様々でスパイスもふんだんに使われているので、満足度の高さは想像以上！　ぜひお腹を空かせて、諸国のベジタリアンメニューをご堪能あれ。

夏は屋外のテーブル席で。ストックホルムきっての美しい眺めがおまけです！

Hermans
Fjällgatan 23B, Stockholm
☎ 08 643 94 80
hermans.se

75

32 STRÖMMINGSVAGNEN
ストロミング ヴァグネン

みんな大好き！ 揚げ焼きニシンの屋台

北欧の魚と言えばサーモンが代表的ですが、スウェーデンの人々にとって、ニシンもとても身近な存在です。ニシンの酢漬けは昔からある伝統的な保存食で、自家製の酢漬けをつくったり、スーパーの瓶詰めを冷蔵庫に常備しています。酢漬けニシンに、千切りしたにんじんとゆで卵、そしてじゃがいもの組合せは、スウェーデンで昔からある家庭料理。ニシンといえばもうひとつ、揚げ焼きも馴染みのある食べ方です。

Slussen の駅で降りて Södermalm 広場に向かうと、黄色い魚型が目印の屋台が目に入ってきます。揚げ焼きされたニシンのいい香りが漂い、お昼時ともなれば行列ができます。メニューはクレープのような薄い生地にニシンをラップしたもの、バンズに挟んだバーガー、ニシンのみの単品もあります。初めて食べるなら、たっぷりのマッシュポテトが盛られたプレートがおすすめ。付け合わせは千切りにんじん、きゅうりのピクルス、アクセントの紫玉ねぎ、ディルそしてクネッケ。最初はそれぞれ、後半は混ぜながらモリモリ食べて、午後の活動に向けてパワーチャージ！

テイクアウトもできるので、アパートメントに持ち帰って食べたこともありますが、やはり揚げたてをその場でいただくのが一番！ テーブル席がいっぱいでも回転が早く、広場のベンチもあるので心配ご無用。時間がない時、さっとおいしいものをいただける、ありがたいファストフードです。

Strömmingsvagnen
Södermalmstorg, Stockholm

33 | スペセリエ |
SPECERIET
スタイリッシュなインテリアでこだわりの料理を！

Östermalm／エステルマルム地区はクオリティーの高いものを扱うショップが多い界隈。高級ブランドの路面店や北欧各国のインテリアのセレクトショップ、オリジナルの家具をゆったりと見せるお店など、そこを歩くこちらの背筋もすっと伸びるような雰囲気があります。

そのÖstermalmにある高級レストランGastrologik／ガストロロジークの隣りにあるビストロがSperceriet。大きなテーブルと背もたれのないスツールが並ぶカジュアルでこぢんまりとしたお店ですが、コッパーのランプシェードの効果で、ぐっとスタイリッシュな空間に仕上がっています。テーブルにはスライスされた全粒粉のパンとバター、木のスタンドに立てられたカトラリー、ブルーグレーのリネンのナプキンがビシッと並び、来客を待ちかまえています。

地元の小規模な生産者がつくる素材を生かしたメニューは、週替わりのランチが3種類、ディナーはアラカルト。ディナーメニューはひと皿のボリュームが少なめなので、それぞれ何皿かオーダーしていろんな種類を楽しめるのがうれしいところ。秋に行った時に印象的だったメニューは、採れたてカンタレッラのあたたかい前菜。薄くスライスした洋梨と紫色の小さな花びらを散らした、素材の組合せの妙と盛付けに、こだわりを感じる一品でした。

ディナーでは、わたし達以外は男性客ばかりという時もあります。大きなテーブルで隣り合わせたおじさま同士が「これはうまいな～」と頬をゆるませながら、しっかりデザートまで食べている様子は、なんとも微笑ましい光景です。

Speceriet
Artillerigatan 14, Stockholm
☎ 08 662 30 60
speceriet.se/

34 | ストックホルム スタッズビビリオテック
STOCKHOLMS STADSBIBLIOTEK
すばらしい図書館は市民のために

オレンジ色の筒状の建物、石造の階段と建築家の名前が刻まれた黄色い壁のエントランス、そして360度にずらーっと並んだ本棚。外観を見てから円形ホールに入るまで、ドラマティックなシーンの移り変わりにドキドキ。間接照明を取り入れたやわらかな光も印象的です。
ホールの中心に立てば、本棚を目で追いながら自然に身体が360度回転し、小宇宙に迷い込んだような、神聖な場所を訪れたような、なんとも不思議な心持ちになります。

ここはエリック・グンナール・アスプルンドが設計した市民のための市立図書館。円形ホールの外側には長いデスクが並び、そこで調べものや勉強をする人々。デスクや椅子、照明などの什器もすべてアスプルンドの設計によるもの。自然光を取り込もうと、天井まである大きなガラス窓とその向こうに広がる緑。こんな環境で本を手に取ることができるとは、なんて豊かなことなんでしょう。でもきっと当の本人達はそんなふうに感じてはいないんでしょうね……。

買付けに行く前の朝やアパートメントに帰る前の夕方、図書館に立寄ります。円形の本棚に囲まれた黒い革張りのソファーに腰をおろしたり、時間がある時には、スウェーデンの手工芸や北欧デザインに関する本を開いて、市民に混じって静かな時間を過ごします。

Stockholms Stadsbibliotek
Sveavägen 73, Stockholm
☎ 08 508 31 060
biblioteket.stockholm.se/
bibliotek/stadsbiblioteket/

35 SKOGSKYRKOGÅRDEN
スコグシルコゴーデン

アスプルンドの「森の墓地」

早く起きた朝、天気がよければ散歩がてら訪れる場所があります。ランドスケープを眺めながら、時には丘の上に立ってゆっくりと深呼吸。森の神聖な空気を吸えば、気持ちのいい1日をはじめられます。

市立図書館と同様にアスプルンドが設計し、自らもここで眠る「森の墓地」。Skogskyrkogården／スコグシルコゴーデン 駅から大きな樹々のトンネルを抜けて右折すると、なだらかな芝生と石造りの十字架が視界に入ってきます。十字架は間近で見るとダイナミックな大きさで圧倒されます。その先には蓮池があり、夏になると蓮の花を楽しめます。石造りの広場には、空に向かって手を伸ばす人々の彫刻が設置され、葬儀を行う教会へと続きます。

さらに奥の森ではお墓が整然と連なっていて、石碑はひとつひとつ個性的に設えられています。故人が好きだったであろう、植物や鳥、本といったモチーフが、石碑に彫りこまれたり鋳物で表現され、お花やハーブが地植えされていたのがとても印象に残りました。森と湖に囲まれ、豊かな自然と共存し生きた人々が、森の中で永遠に眠る……。それはごく自然なことのようであり、とてもロマンティックでもあります。

「森の墓地」へは中央駅から地下鉄グリーンラインで15分。朝起きて時間に余裕があれば、散策に出かけてみて下さい。そして森の墓地と市立図書館は、グリーンラインでつながっているので、アスプルンドのふたつの名建築をめぐるコースもおすすめですよ。

Skogskyrkogården
Sockenvägen 492, Enskede
☎ 08 508 317 30
skogskyrkogarden.stockholm.se/

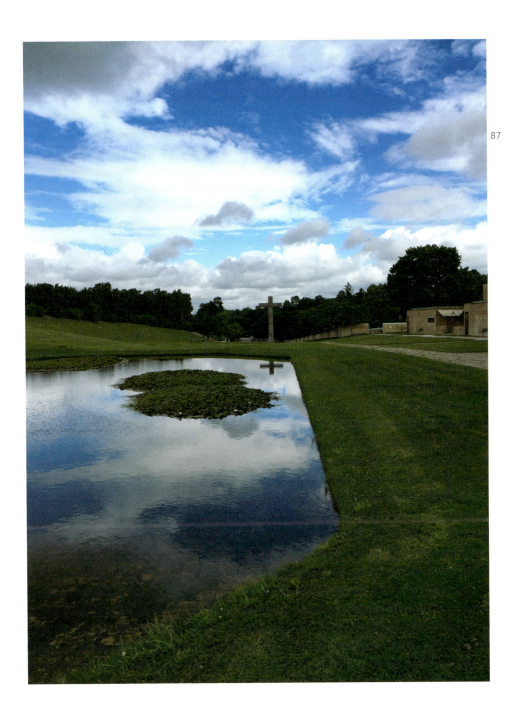

87

36 SKEPPSBRON
シェップスブロン

王冠を抱く木造の橋

初めてストックホルムを訪れた時、まず感動したのは、街の景観の美しさでした。キラキラした海に浮かぶ島とそれを結ぶいくつもの橋。そして緑が近く、少し歩けば公園や島があって、いつでも自然に触れることができるのです。

大小14の島からなるストックホルム。その中心にある小さな島 Skeppsholmen／シェップスホルメンは、近代美術館をはじめ、美術館や博物館がたくさんあるアートの島。その島へ渡る橋Skeppsbronは、14の橋の中で一番好きな木造りの橋です。橋からの眺めは、島に向かって右手に王宮、左手にはたくさんのボートの向こうにオレンジ色の建物が並ぶ風景を堪能できます。橋の中程には大きな金色の王冠があって、記念撮影のスポットになっています。

橋を渡ってSkeppsholmen島をさらに進むと、芝生が広がったなだらかな斜面があり、夏は日光浴をしている人達がちらほら。海辺にはベンチが並んでいるので、そこに座って海の向こうの街並をぼーっと眺めながらのんびりします。

37 BRÄNDA TOMTEN
ブレンダ トムテン

大きな栗の木の下でひと休み

ストックホルムの街の北と南を結ぶ小さな島、Gamla Stan／ガムラスタン。英語で言うと「オールドタウン」という名のとおり、中世の雰囲気が石畳や古い建物の細部に色濃く残っています。島の中心にあるStoroget／ストロイエ（広場）に向かって、いく筋もの細い坂道が走っていて、中には「世界で一番細い道」と呼ばれる坂道も。ここは映画『魔女の宅急便』の舞台の参考にされたそうで、そう言われてみれば、主人公キキと黒猫ジジが歩いていそう！　そんな雰囲気のある島です。

Gamla Stanには、王宮やノーベルミュージアムといったストックホルムのメジャーな観光スポットが集まっているため、大型観光バスが乗り入れ、おみやげものを揃えたお店が軒を連ね、１年中多くの観光客で賑わっています。

そんな喧噪から離れて、静かになれる場所があります。Storogetから数分の大きな栗の木の下にベンチを並べたBrända Tomtenという名の、小さな広場です。周囲の建物と建物の間には、アイビーがグリーンのゲートのように絡まっていて、いい雰囲気。

朝お店が開店する前や、重い荷物をかかえた買付けの途中、このベンチに座って、大きな栗の木の下でひと息つきます。目の前にカフェもありますが、ここではあえてベンチに座って、しばし休憩をするのがいつもの流れになっています。

38 | スーパーマーケット
SUPERMARKET
そこはグッドデザインの宝庫

スウェーデンのスーパーマーケットのパッケージデザインはとてもすばらしく、グッドデザインの宝庫。毎回すみずみまで見て回るパトロールを欠かしません。どこのスーパーも自社ブランドを打ち出していて、秀逸のパッケージデザイン。凝った文字のグラフィックに仕上げていて、色づかいも独特。でも決して目立ちすぎることは無く、調和が保たれています。食材のパッケージは、毎日目に触れるとても身近な存在。そのパッケージが気に入ったデザインなら、しまわずにキッチンに出しておきたくなります。

全国でチェーン展開している、大手のスーパーマーケットの中で、グッドデザインのパッケージを選ぶなら次の3社。紅茶、ココア、ハチミツ、チョコレート。どれもすっきりしたデザインながら、オリジナリティーを出していて、店内に一歩足を踏み入れたら、ワクワクが止まりません。手軽なおみやげを探すのもおすすめ。街でスーパーマーケットを見かけたら、ぜひ探索してみましょう！

左上 ハチミツ（アカシアとプレーン）。右上 ココア粉末。
左下 チェック柄が楽しいレーズン。
右下 製氷袋は♡、スティック、キューブと種類も豊富。

COOP | コープ

グリーンのロゴが目印。オリジナルのハチミツやチェック柄の製氷袋など、COOPのグラフィックは個人的に一番気に入っています。
オリジナルのエコバッグもおすすめ。

左上 チョコレート。イエローはプレーン、ブルーはハーブソルト。
右上 ティーバッグはダージリンとアッサム。
左下 上はブルーベリージャム、下はリンゴンベリー。
右下 チョコレートは左からハーブソルト、カカオ、ラズベリー。

Hemköp | ヘムショプ

Gマークが目印のオーガニック食材のGARANTは、チョコレートをはじめ、遊び心のあるグラフィックデザインが目を引きます。ストックホルム中央駅近くのデパート Åhlens／オリエンスの地下にあるお店が広くておすすめ。

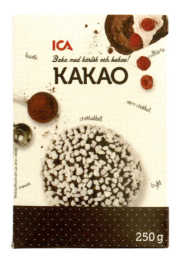

左上 フレーバーのティーバッグ。上はベルガモットとオレンジ、
下はリンゴンベリーとクラウドベリー。
右上 ココア。パッケージのチョコレートボールのレシピ付き。
下は野菜や果物用のラップとサンドウィッチペーパー。

ICA | イーカ |

オリジナルのオーガニック食品「I♡eco」シリーズは特におすすめ。
街中には「ICA to go」という、コンビニのような店舗があり、テイクアウト用
の食材がサッと買えて便利。サラダバーもあります。

39　アーラミョルク
ARLA MJÖLK
やっぱりかわいいストライプのミルク

ストックホルムを初めて訪れたのは1999年の9月。ホテルの窓から街を眺めれば、キラキラした水辺に橋がかかり、街の美しさにしばしの間見惚れ、タクシーの運転手さんもとても親切で、旅の疲れが癒されたものでした。近くにあったセブンイレブンに行くと、ストライプの小さな牛乳パックを発見！　赤や緑のストライプに赤い牛のマーク。「いや〜、かわいい！」と一緒にいた雑貨好きの同僚とはしゃいだのは懐かしい思い出です。それからスーパーマーケットに行ってみれば、大きなサイズのミルクパックがずら〜っと並び、ストライプの色は豊富に揃っていて、またしても大興奮！　短い滞在のため、何本も買えなかったので、とりあえず写真を撮りまくりました。

現在では、Eko＝オーガニックのミルクも増え、持ち運べる300mlサイズにはキャップ式も登場し、よりバリエーションが広がりましたが、ストライプのかわいさは今も健在。ストライプの色は乳脂肪分の量を表していて、赤は3％、緑は1.5％、青は0.5％。黄色とブルーのストライプは「Filmjork／フィルミョルク」と言い、サワーミルクのような、すっぱいヨーグルトのような味わい。

Arlaのミルクを初めて見つけてから20年近く経ち、さすがに写真は撮らなくなりましたが、ストックホルムに着いてスーパーマーケットに向かい、一面に広がるストライプのミルクの前に立つ。すると思わず「ただいま」、とつぶやきたくなるくらい、この光景はわたしの中でスウェーデンを象徴するシーンなのです。

40 VÄSTERBOTTENS OST

ヴェステルボッテン オスト

王冠マークの濃厚チーズ

バター、チーズ、ミルクにヨーグルト。北欧は乳製品がおいしいなといつも実感。ホテルの朝食で乳製品をひと通り楽しむだけでも、かなり満たされます。

スウェーデン語でチーズは「Ost／オスト」。スーパーマーケットのチーズ売り場はとても広く、しかも種類もたくさんあるので、どれを買えばいいのか迷ってしまいます。今ではマイベストチーズがあるので、迷うことなく王冠マークのチーズを手に取ります。

この王冠マークのVästerbottens Ostを知ったのは、友人の家でフィーカをしている時。オーブンで焼かれた手づくりクネッケと共に出されたチーズの塊を、専用のスライサーで薄く削っていただきました。口に入れた瞬間、濃厚な味が広がり、鼻から抜ける熟成された香り。「んー」としばしまぶたを閉じてしまったくらい。

チーズの名前になっているVästerbottenはスウェーデン北部にある地方の名前。ここには川沿いに建つ美しい近代美術館もあるので、チーズ工場の見学と美術館を目的に、そのうち北へ旅をしなくては、と目論んでいます。

買付け時、行きのスーツケースの片面はバブルラップをパンパンに詰めていきますが、帰りの片面は食材でほぼいっぱいになります。クネッケにリンゴンベリーのコンフィチュール、チーズに紅茶、ハチミツやキャラメル……。毎回買って帰る、おなじみのラインナップ。旅の目的は雑貨の買付けですが、もし中を見られたら「食材の買付けですか？」と訊かれてしまいそうです。

41 ANSJOVIS
アンホービス

ショッキングピンクのアンチョビ缶

スウェーデンの伝統料理に「ヤンソンの誘惑」という変わった名前のグラタンがあります。じゃがいもとたまねぎにアンチョビを忍ばせるこの料理をつくるには、ふつうのアンチョビではなくて、スパイスの香りが高く少し甘めのABBA／アバのアンチョビ缶が欠かせません。

濃いピンクに赤で描かれた片口イワシとゴールドの文字というなんともユニークなパッケージ。ですが、おいしさは折り紙付きです。一番小さなサイズは友人へのおみやげにもぴったり！　ちなみにアンチョビ缶は冷蔵食品売り場にあります。缶詰めは必ずスーツケースに入れましょう。手荷物にすると液体と見なされ、「空港で没収」という悲劇が……。これだけはぜったいに避けたいですものね。

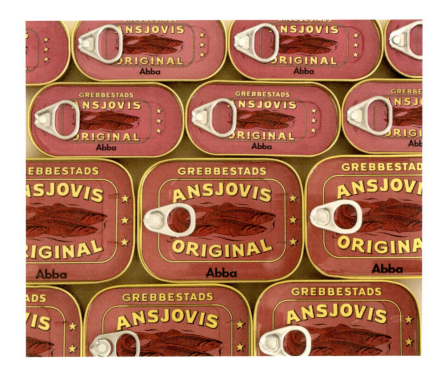

42 | アポテーケット
APOTEKET
オーラルケアのアイテムは薬局で

スウェーデンは18歳までは医療費が無料なので、歯の矯正は18歳までに済ませるそうで、みんな本当に歯並びがよくてきれい。さらに80歳の歯の残存率は世界でもトップクラスなのです。

オーラルケアアイテムはスーパーマーケットでも買えますが、ここは緑の蛇が目印の薬局Apoteketへ！ バルーンをモチーフにしたデザインのシリーズは、Apoteketのオリジナルで、歯磨き粉、マウスウォッシュ、歯間ブラシといろいろ取り揃えています。歯磨き粉はトラベルサイズもあり、これもおみやげにちょうどよく、これまで何個買ったことでしょう。歯間ブラシは持ち手がすごく使いやすくて、こちらも定期的に購入しています。

43 | スタンプス |
STAMPS
思わず集めたくなるデザインの国の切手

北欧に通うようになってから、切手をよく買うようになりました。スウェーデンでは植物やキノコなど季節のモチーフものや、風景や自然を描いたもの、クリスマスにはギフトをテーマにしたイラストの切手などが販売されます。毎年どんなデザインが出されるのか、とても楽しみ。

年のはじめには、その年に発売される切手を紹介した小さな冊子が出されます。切手のデザイナーがそのコンセプトについて説明しているのがわかりやすく、発売時期も書いてあるので、今年はこれとこれは絶対買おう！と買い忘れを防ぐことができるのです。

季節の切手ならスーパーマーケットの郵便コーナーで買えますが、切手に興味があるなら、ぜひGamla Stan／ガムラスタンのPostmuseum／ポストミュージアムへ。ミュージアムショップでは、豊富なアーカイブの中からチョイスできます。植物や動物をはじめ、塊のチーズやクネッケのような、スウェーデンらしいモチーフも必見。とても見応えがあって、切手コレクターでなくても、あれもこれもと、ついついたくさん選んでしまいます。

Postmuseum
Lilla Nygatan 6, Stockholm
☎ 10 436 4439
www.postmuseum.se/

44 | ショッピングバッグ
SHOPPING BAG
個性豊かな紙製の買い物袋

お店で買い物をした時に入れてくれる紙袋。そのグラフィックデザインが秀逸なら、気持ちよく受け取ることができて、それを持ち歩くのもより楽しいですよね。スーパーマーケットでは、ビニールと紙の2種類を用意していますが、わたしはだんぜん紙袋派。その紙袋のマットな質感がとても好きなのです。ちなみにスーパーマーケットでは買い物袋は有料で1枚2クローナ（30円弱）です。

45 HOTEL BIRGER JARL
ホテル ビリエル ヤール

有名デザイナーの部屋に泊まれるホテル

日本から遊びに来る友人の滞在先としてすすめるホテルがHotel Birger Jarl。買付け時のホテルは「常に節約」がテーマですが、友人と一緒の時は、この時とばかりにバカンス気分で、スウィートルームに泊まります。

スウェーデンの著名なデザイナー、トーマス・サンデールやヨーナス・ボーリンなどによってリノベーションされたデザイナーズスウィートは最上階にあります。サンデールが内装を手掛けたMiss DottyとMr. Gradは、どちらも壁のポルカドット柄が印象的。部屋ごとに設えられた家具やファブリック使いの違いも楽しめます。スタンダードルームは、ひとり掛けのソファやラグ、コンパクトな棚など、シンプルな中に色をポイント使いした、スタイリッシュで居心地のいい空間。

朝食ビュッフェでは、焼きたてのスウェーディッシュパンケーキにホイップクリームとリンゴンベリージャムを添えた、スウェーデンの伝統スウィーツをぜひ！

ホテル選びの優先順位は人によって異なりますが、居心地のよさはもちろん、わたしは動線のよさを重要視しています。このホテルは中央駅から地下鉄でふたつ目、Römansgatan／ローマンズガタン駅から徒歩5分。すぐ近くのバス停からバスNo.2に乗れば、南側にあるGamla StanやSödermalm／セーデルマルムへ、きれいな海辺の景色を楽しみながら移動することができます。

ホテルから徒歩10分以内には、市立図書館(p082)やValand Kafé Konditori (p012)、Svartengrens (p066)が。さらに少し歩くと、アンティークショップが建ち並ぶUpplandsgatan／ウップランズガタン。

ここではぜひとも周辺散策を！

Hotel Birger Jarl
Tulegatan 8, Stockholm
☎ 08 674 18 00
www.birgerjarl.se/

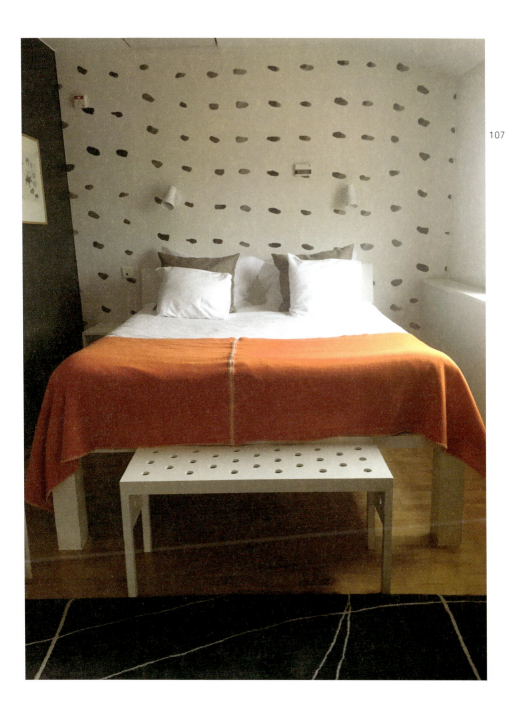

46 MISS CLARA HOTEL
ミス クララ ホテル

元女子校をモダンにアップデート

日曜日のフリーマーケットからの帰り道、窓越しに優雅に朝食をとっている人達が通りから見え、「あれ、ここにホテルあったっけ？」とエントランスを確認すると「MISS CLARA」と、いい感じのフォント。なんだか中も素敵そうでした。

Miss Clara Hotelは1910年に建設され、女子校として使われていた建物をリノベーションしてホテルとしてオープン。アーチ状の窓やこげ茶色のヘリンボーンの床は、建設当時のものを活かしつつ、モダンな空間にアップデートされました。客室のサインや室内の壁の一部に茶色い革が効果的に使われ、白とダークブラウンの空間を、黒い照明が引き締めます。バスルームは真っ白いタイル張りで、アメニティーはなんとByredo (p048)！　地下にはサウナがあるのもうれしい。

ここで、わたしが重きを置く動線ですが、中央駅から1駅 → Hötorget／ヒュートリェ駅 → 最寄出口からは100m、とアクセスの良さはバッチリ。徒歩5分で行けるHötorgetの青空市場には、月曜〜土曜は野菜や植物、季節のベリーやカンタレッラが並びます。そして日曜日にはフリーマーケットが開かれます。ガラクタ感はありますが、探せば良いものが安く見つかることもあるので、アンティークに興味のある方は、ぜひ覗いてみてください。

ホテルの隣りにはUrban Deli／アーバン デリという、レストランを併設した高級スーパーマーケットがあります。食材のクオリティーは高く、中にはワインにあわせる「生ハムとチーズの盛り合わせ」、なんていう気の利いたセットも。テイクアウトメニューも充実していて、電子レンジもあるので、買って帰ってホテルで食べる、という気楽なディナーも時にはいいですよね。

Miss Clara Hotel
Sveavägen 48, Stockholm
☎ 08 440 67 00
missclarahotel.com/

47 | イエローカーペット
YELLOW CARPET
黄色の花の咲く丘

スウェーデンの夏の風物詩、イエローカーペットと呼ばれる黄色い花が一面に咲く風景を初めて見たのは、国鉄SJでダーラナ地方に向かっていた車窓からでした。それは一瞬の出来事で、写真は撮れなかったけれど、目の前にふわっと広がったその景色を見て、わたしもきっと乙女の表情をしていたことでしょう。
友人とレンタカーを借りてダーラナ地方でアンティークショップ巡りをした時。延々と続く森と湖、レースフラワーが咲く丘、そして青い空に映えるイエローカーペット……。自然が織りなす様々な風景に心が洗われるようで、車を降りてどこまでも広がるイエローカーペットの景色を静かに眺めていました。

48 | サマーハウス |
SUMMER HOUSE
夏休みに家族で過ごす森の小さな家

スウェーデンでは夏休みは5週間取るのが一般的。そのため、どんなに人気のあるレストランでも「夏至から7月いっぱいは夏休み」とドアに告知を貼る、その潔さがなんとも気持ちいいのです。

スウェーデンでは基本的に残業はせず、お休みはきちんと取る。この国の人達はおおらかで精神的にゆったりしていると常々感じていますが、こうした働く環境づくりの影響は大いにあるのだと思います。

5週間の夏休みをどんなふうに過ごすかというと、海外旅行など特別な計画をたてる人は少なくて、たいていの人は田舎にあるサマーハウスに行き、自然の中で読書をしたり昼寝をしたり、ゆったりした時間を過ごします。

古くからの友人であるカタリーナは、ストックホルムのアパートメントで暮らしていますが、夏休みはダーラナ地方にあるサマーハウスに出かけます。オークションサイトでたまたま見つけたという赤いお家は、大きな白壁の暖炉を囲むようにキッチン、ダイニング、ベッドルームがあり、家族3人にはゆったりとした空間。2階にはベッドルームがふたつあり、弟家族がよく泊まりにくるそう。窓から広がる庭はガーデナーであるカタリーナが手入れをしていて、もともとあった植物を生かしながら造ったガーデンは、いろんな花が夏の日差しを受けてきれいに咲いています。彼女はそんな自然の中での時間が大好きなのです。

スウェーデンのサマーハウスには、電気も水道も通っていない森の中の家もあるそうですが、緯度の高い北欧では、夏の夜に暗くなるのは数時間なので、灯りは必要ないそう。カタリーナのサマーハウスには電気は通っていますが、飲み水はタンクを持って近くのスーパーマーケットで調達し、それ以外に使う水は、真っ赤なバケツを2つ肩に担いで、井戸水を汲みに行きます。

家の中心には大きな暖炉があって暖かくできるので、夏以外の週末もここにくるそう。街の喧噪から離れて、自然の中で特別なことはなにもせず、ただひたすらのんびりする。そんな時間の使い方が、実は一番贅沢なんだよなぁと、サマーハウスを後にしながらしみじみ感じました。

49 | ダーラフローダ ヴァードフース |
DALA-FLODA VÄRDSHUS

美味な料理、ガーデン、サウナ　湖畔の小さなホテル

スウェーデンの中西部にあるダーラナは、古くから手工芸との結びつきが深い地方で、今もそれは受け継がれています。SPOONFULを立上げる前に、ダーラナにある手工芸学校に滞在した縁で、作家さん達を紹介してもらい、スウェーデンに行く度に彼らの工房を訪ねています。春と秋には1日で作家さんの工房を2軒訪問し、アンティークショップを何軒もめぐる、電車移動6時間、滞在6時間のハードなワンデイトリップが恒例。でも夏になると、いつもの慌ただしさとは違う、ゆったりした時間を過ごすために、湖畔の小さなホテルに滞在します。

Dala-Floda Värdshusはペールとエヴァロッタご夫妻が営む小さなホテル。お料理はペールが、客室への案内や宿泊客とのやり取りはエヴァロッタが担当しています。中庭を囲むように立つ建物は100年以上前に建てられ、至る所にダーラナ地方の昔ながらの手工芸品が置かれています。客室はひとつひとつ趣が異なり、中にはプリンセスルームと呼ばれているかわいらしい屋根裏の部屋も。
ガーデンはジャスミンやアストランティアがのびのびと咲き乱れ、良い香りが漂います。ここを手入れしているエヴァロッタは、笑顔がチャーミング。どこで会っても、「何かあったらいつでも言ってね」と声をかけてくれます。
ペールがつくるオーガニックの食材にこだわった料理は彩り豊かで、野菜そのものの甘さが際立つスープや、身が締まって弾力のある地鶏、デザートのバニラアイスまで手づくり。心のこもったおもてなし料理にワインが進んでしまいます。
朝食はビュッフェスタイルで、温めた丸いパンは手づくりのジャムと。ふだん見慣れたものとは異なる、オーガニックのシリアルやチーズは何種類も用意されます。様々なエッグスタンドはカゴにざっくりと盛られ、それにゆで卵を載せて。

ホテルから歩いて数分の湖沿いには、村で所有しているサウナ小屋があり、事前に予約をすれば使用できます。サウナは白樺の木を燃料にしていて、近づくと白樺のいい香りが漂い、まずはゆっくり深呼吸。ここではサウナで火照った身体を、湖に飛び込んでクールダウンさせる、「これぞ北欧の夏」が体験できるのです。

夏と言っても水温はかなり低いので、はじめは足先を浸けただけで「ひゃ〜」っと悲鳴に近い声をあげてしまいます。サウナと湖を出たり入ったり、何度も繰り返すうちに身体は熱々になり、最後は頭まで湖に浸かり、最高の瞬間を迎えます。湖畔で見る森と湖の景色はすばらしく、朝に夕に散歩をします。特に夕暮れ時（夏は暗くなるのが23時ごろ）は格別で、目の前に広がる、遮るものが何もない景色は、鳥の鳴き声を聞きながらいつまでも眺めていられます。

Dala-Floda Värdshus
Badvägen 6, Dala-Floda
☎ 0241 220 50
www.dalafloda-vardshus.se/

119

50 | ツリーホテル |
TREEHOTEL
森の中に佇む7棟のツリーホテル

「北欧以外に行ってみたい国は?」という質問に、「他の国にはあまり興味がないです」と答えるとびっくりされます。なぜなら北欧内で行ってみたい場所がまだまだあるからです。その筆頭が北極圏にあるツリーホテルでした。
ストックホルムから飛行機で北へ70分でLuleå/ルーレオ空港に到着。空港にはホテルのドライバーさんが迎えにきてくれて、車で1時間走るとホテルのある森に到着。敷地の入り口にあるレセプション棟でチェックインし、鍵と敷地内の地図をもらって森へ向かいます。白樺の小道を抜けると、樹の間から電車の車輌のような建物「キャビン」がスッと顔を出し、思わず「わ〜っ」と歓声があがります。さらに進むと、四方をミラーで囲まれた「ミラーキューブ」、巨大な鳥の巣「バードネスト」、樹に不時着したかのような「UFO」。ユニークな建物が次々に現れ、予約した建物を指差し確認し、期待は最高潮!

到着した日は4人部屋の「ドラゴンフライ」に滞在。広々とした室内には、ダイニングテーブルとベンチ、ひとり掛けのラウンジチェアから照明まで、とてもモダンな設えで快適な空間。ベッドルームは壁一面がガラス張りになっていて、その向こうには森が果てしなく広がります。部屋に水道は通っていないので、レセプション棟から各部屋に運ばれたもの。筒状のガラス容器に水を入れ、そこから少しずつ出して、顔を洗い歯磨き。最小限の水でやりくりします（p123 左写真）。
滞在中は、窓から広がる森を眺めながらベッドでごろごろしたり、昼間からワインを飲んだり、サウナに入ったり、「何もしない贅沢」を堪能しました。写真を撮りに行く人、ブルーベリーを摘みに行く人、摘んだ花でリースをつくる人。基本みな単独行動、気を使わなくていい大人の旅です。

食事は毎回レセプション棟へ緑の中を歩いて移動。青い空の下に黄色や白、ピンクのやさしい色合いの花がのびのびと咲いていて、そこはまるでファンタジーの世界。朝食には、まずリンゴンベリージュースを飲んで、その後パンケーキを。スウェーデンでは夏に採れるイチゴは甘酸っぱく、クセになるおいしさ。

Treehotel
Edeforsväg 2A, Harads
☎ 0928 103 00
www.treehotel.se/

昼と夜は、地元のチーズを使ったパイやポテトグラタンを添えたサーモンソテーなど、ホームメイドの伝統料理に舌鼓。そうそう、到着した夜には、好きなトッピングをして石窯で焼くピザがおいしく、みんなでもりもり食べましたっけ。
別れ際オーナーに、「またぜひ来たいです」と伝えると、「次は3月においで」と言われました。空港まで送ってくれたドライバーのお兄さんもまた「次に来るなら3月がいいよ」。なぜ3月なのか？　3月に特別な何かがあるのか？　理由はあえて訊かず、自分の目で確かめに行きたいと思っています。

51 ICEHOTEL
アイスホテル

美しく魅惑的な氷の世界

ストックホルムから飛行機で北に向かうこと1.5時間で北極圏の街Kiruna／キルナに到着。Kirunaから車で30分でJukkasjärvi／ユッカスヤルヴィにたどり着きます。冬にはきれいなオーロラが見られることで有名ですが、もうひとつ世界的に有名なIcehotelも、ここJukkasjärviにあります。

Icehotelを見に行ったのは2月のはじめ。真っ白な雪に覆われ、朝焼けの光が射す白樺並木を車で走り抜けてホテルに到着。周りを見渡せば、雪が降り積もったもみの木がそこかしこに佇んでいます。それはまるで自然の中の雪景色までもがデザインされているかのようで、一歩降り立った瞬間から胸が高鳴りました。

氷のブロックがアーチ状に積まれたエントランスには、トナカイの毛皮で覆われた大きなドア。中に入れば、柱も壁もシャンデリアも、ありとあらゆるものが氷でつくられた、美しい世界が広がります。近くを流れるトルネ川の水でつくられ

た氷は、うすい水色で、光が射すとそれはもう言葉にできない美しさ。視界はうすい水色の膜がかかったような、不思議な感覚に包まれます。

どこを見ても、彫刻刀でこつこつと、時間をかけてつくり上げられた様子がうかがえます。この場所が、春になれば氷が解けて、跡形もなく消えてしまうなんて。なんてロマンティックなんだろうと思わずにはいられません。

ひとつひとつ異なるデザインの客室内も見学が可能で、部屋の中心には、分厚い氷でできたベッドが。その上にマットレスが敷かれ、トナカイの毛皮が掛けられています。寝る時には、毛皮の上に雪山用の寝袋を使い、客室は－5℃から－7℃をキープ。Icehotelの隣りには、通常の客室のWarm Buildingがあり、サウナ、トイレ、更衣室はこちらに完備。どうしても寒さに耐えられない！という時は、ここの暖かい更衣室に避難できるそう。

ホテル内を見学した後は、楽しみにしていたIce Barへ。バーカウンター、ベンチ、テーブルはもちろん、グラスまで！こちらもすべてが氷。「やるならとことん！」。それが気持ちいいのです。美しい氷の世界に興奮して、喉がからからに渇いていたわたし。氷のグラスで飲んだビールは、今まで飲んだどのビールよりもキンキンに冷え、すごくおいしい！　氷に包まれた異空間でいただく、極上の1杯でした。リンゴンベリーやエルダーフラワーを使った、スウェーデンらしいソフトドリンクも用意されています。

わずか数時間の滞在は終始夢心地。氷の部屋で一夜を過ごすなんて、いったいどんな感じだろう？　やっぱり次は泊まってみたい。ここでしかできない体験に、好奇心が刺激されます。そしてオーロラも観ることができたら。

北極圏に思いを馳せます。

Icehotel
Marknadsvägen 63, Jukkasjärvi
☎ 0980 668 00
www.icehotel.com/

129

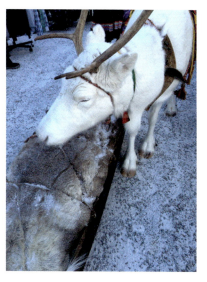

52 | JOKKMOKKS MARKNAD
ヨックモック マルクナッド

400年続く北極圏のウィンターマーケット

スウェーデンには地方ごとに特徴のある、伝統的な民族衣装があり、ストックホルムのDjürgåden／ユールゴーデンにある北方民族博物館には、各地方の民族衣装が展示されています。初めて博物館を訪れた時、とても印象に残ったのが、鮮やかなブルーとグリーンをベースにした衣装。トナカイの毛皮を使った靴や帽子、手袋。毛皮のモコモコ感もとりわけ目立っていて、興味深かったのです。それがラップランドで暮らす遊牧民、サーミ族の民族衣装だと知るのは随分後になってから。そしてある時、サーミ族が民族衣装を身にまといパレードする、ウィンターマーケットがあると聞き、ずっと気になっていました。

毎年2月はじめにJokkmokkで開かれるウィンターマーケットの歴史は古く、400年前にさかのぼります。真冬のマーケットでは、トナカイの革や角を使った手工芸品やアクセサリーを揃えた出店が、ずらりと立ち並び、なかなか見ることができない、サーミの人達の細やかな手しごとに触れることができます。

そのマーケットのメインストリートをさっそうと行進する、トナカイを引き連れたサーミの人々。コルトと呼ばれる鮮やかな衣装は、刺しゅうや織り、パッチワークが施され、細部にまで美しい手しごとの技が光ります。靴や帽子、手袋にはトナカイの毛皮が使われ、小さな子供から大人まで、様々なデザイン。ミトン型の手袋と、トナカイのふわふわの毛皮を耳当てにした帽子を身につけた子供達。なんてかわいいのでしょう。

初めて見た真っ白なトナカイ、民族衣装を身にまとった子供達の愛らしさ、先頭を歩く男性の堂々とした表情、まつげが凍るほどの寒さ。好奇心さえあれば、新しい扉はまだまだあるのだと、実感させてくれる貴重な体験でした。

53 VIKING LINE
ヴァイキング ライン

１泊２日のバルト海の船旅

プライベートで初めて北欧を旅したのは2000年の９月。ストックホルムとヘルシンキをめぐる８日間の旅でした。その頃はまだ北欧に関する情報は少なく、わずかな情報をもとに、紅葉が始まりだした街をあちこち歩き回っていました。

旅行の準備期間は、行きたいお店や、ぜひとも手に入れたいモノをリストアップしたりと楽しいもの。それが初めて訪れる場所であれば、気持ちはさらに盛り上がります。

ストックホルムとヘルシンキ間の移動は、飛行機だと１時間弱と近距離ですが、フェリーで渡る方法もある、と知ったのはその時でした。夕方出発して一晩船上で１泊して翌朝到着。バルト海の景色を楽しみながら、船で移動ができるなんて！　それはぜひとも体験してみたい、とフェリーで移動することにしました。

ヘルシンキを出航する時はデッキに出て、流れる風景を見ていましたが、程なくして、小さな家が１軒ぽつんとあるだけの、小さな島が次々と現れました。中には、島にいる親子が船に向かって手を振ってくれて、それはまるで、絵本に出てくるワンシーンのよう。思い出深い旅のシーンとして、今も記憶に残っています。それから何度もフェリーに乗っていますが、夏はずっと明るく、時間を気にせずに過ごせる気楽さがあります。船内には免税店、カジノ、サウナなど、施設が充実しているので、飽きることなどありません。

地上ではいつもアクティブなわたしも、海上ではゆっくり派。流れゆく景色を眺めながら、ディナーやバーでの時間を、のんびりと過ごしています。

Viking Line
www.vikingline.com/

54 | アアルト ハウス
THE AALTO HOUSE
建築家アルヴァ・アアルトが家族と過ごした自邸

街の中心からトラム4番に乗ること約15分。Laajalahden Aukio／ラーヤラフデン アゥキォ駅で下車し、白樺の樹木とモダンな集合住宅の閑静な住宅街を抜けると、白く塗装されたレンガと、こげ茶色のドアの建物が、ひっそりと佇んでいます。それは注意していないと通り過ぎてしまうほど、その場所に馴じんでいるのです。1936年に設計されたThe Aalto Houseは、アルヴァ・アアルトが妻アイノと共に構想を練り、40年暮らした住まい兼アトリエ。1階はアトリエと広々したリビング、ダイニングキッチン。2階は家族のためのリビングとベッドルームが数室。印象的なのは、どの部屋も光をたくさん取り込もうと、窓が大きく設えられているところ。アアルトの住宅設計の特徴でもあります。

そして見どころはなんと言っても、暮らしていた様子がそのまま残されていて、間近で触れられるところ。アアルトが自らデザインし普段使いしていた家具が至る所にあります。壁に設置された棚や、キッチンのキャビネット、独自の造りをした階段。目に映るものすべてがすばらしくて、それはもうため息の連続。アトリエの大きな窓から外の林がよく見える角に、アアルトが使っていた白い大きなデスクが。外の風景を眺めながら、設計図を思い描いていた様子がうかがえます。The Aalto Houseは1時間ごとにガイドツアーで中を見学することができます。40分の英語の解説付きで1階、2階、中庭を案内してもらい、残りの時間は気になったところを、もう一度観て回ったり写真を撮ったり。

フィンランドの偉大な建築家の暮らしぶりを垣間見れる、貴重な機会。ぜひ時間をつくって訪れてみてください。

The Aalto House
Riihitie 20, Helsinki
☎ 09 481 350
www.alvaraalto.fi/

137

55 | アルテック
ARTEK

フィンランドデザインのインテリアに魅了されて

ヘルシンキの目抜き通り、Espranadi/エスプラナーディから2016年に移転し、リニューアルオープンしたインテリアショップArtek。建物はヘルシンキ中央駅の建築で知られる、エリエル・サーリネンの設計（ちなみに両隣りの建物は、アアルトが設計したアカデミア書店とオフィスビル）。

天井はゆったりと高く、階段の木の手すりは滑らかな曲線を描き、2階には幅数メートルにも及ぶ木枠のガラス窓。広々とした店内には、アアルトが手掛けた家具をはじめ半世紀以上前にデザインされ、今もなお人気のあるタイムレスな名作が並びます。そんなインテリアは眺めているだけで、豊かな気持ちになります。他にも、著名なデザイナーの家具と、それに馴じむラグやクッションなどテキスタイルが一堂に集まる、見応えのあるラインナップ。2階には、フィンランドデザイナーの椅子を並べたコーナーがあり、イルマリ・タピオヴァーラの「ドームス」や「ピルッカ」をはじめ、名作椅子がずらり。

初めてAalto Houseを訪れた後、Artekでアアルトのプリント生地を買って帰り、カーテンにしました。窓辺にアアルトの風が吹き込んだような気がして、なんだかうれしかったのを覚えています。

Artekには日本で購入できるモノもありますが、せっかくなら、ここでしか手に入らないモノを見つけたいところ。これまで、フィンランド独立100周年記念の「STOOL 60」や、ミッドナイトブルーという限定色の「アンブレラスタンド115」など、「出会い」と思って即買いしました。日本への直送も可能なので、大きなものを買って、自ら郵便局に行って発送する時間がない時、とても便利です。

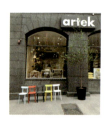

Artek
Keskuskatu 1 B, Helsinki
☎ 10 617 3480
www.artek.fi/

56 CAFÉ AALTO
カフェ アアルト

書店のカフェでほっと一息

Artekの隣りにあるアアルトが設計した3階建てのアカデミア書店。目抜き通りであるEspranadi通りの入り口に位置することもあって、多くの人が出入りしますが、ドアは子どもから大人まで、すべての人が開けやすいように、持ち手が縦に三つ並んだ珍しい造り。
Espranadi通りには、カフェが軒を連ねていますが、お茶をするなら、ぜひ書店2階のCafé Aaltoへ。エレベーターで上がった、書店の奥にあるスペースはコンパクトで、小さなふたり掛けのテーブルがギュッと並べられ、いつ行っても混み合っています。
使い込まれた黒革の椅子はほどよくやわらかで、アアルトがデザインした真鍮のシーリングライト「ゴールデンカップ」が並び、黒革と真鍮という組合せが、なんとも大人。年齢層も幅広く年配のお客さんも多い落ちついたカフェです。

アアルト好きな人には、朝The Aalto Houseで自邸を見学 → その後Artekでグッドデザインのインテリアに触れ → アカデミア書店でアアルトの世界に心をはずませ → Café Aaltoで余韻に浸りながら一服、そんなアアルト三昧のコース、自信を持っておすすめします！

Café Aalto
Pohjoisesplanadi 39, Helsinki
☎ 09 121 4446
cafeaalto.fi/

57 | サヴォイ
SAVOY
アアルトがデザインしたレストラン

Espranadi通りに沿って、街の繁華街にある細長い公園は、夏は日光浴やピクニックをしている人達で賑わい、秋にはきれいに色づいた紅葉が美しい、みんなの憩いの場。この公園の向かいにある古いビルの8階に、アルヴァ・アアルトがインテリアデザインをしたことで知られる、レストランSavoyがあります。
1937年にオープンしたSavoyの内装は、壁や天井はバーチ材が使用され、ずらりと並ぶ椅子の座面はすべて明るめのネイビー。ネイビーが大好きなわたし、初めて訪れた時は高揚感に包まれました。その椅子は何度も生地を張り替えられながら、今も大切に使われています。
Savoyのためにデザインされ、今もイッタラでつくられているガラスのフラワーベースやワイングラスを並べたサイドテーブルは、ゆるやかなカーブを描き、目を引きます。オープンから80年を迎え、風格をかもし出しながらも、決して古さを感じさせません。優れたデザインは揺らぐことなく、時代を超越するんだなぁ。この空間にいると、そんなことをしみじみ感じさせられます。

ビルの最上階にあるレストランには、ガラス張りのバルコニーがあり、そこのテーブルを予約しておけば、ヘルシンキ大聖堂を見渡しながら、ディナータイムを楽しむことができます。
アアルトがデザインした空間で、フィンランドの伝統料理をゆっくりと楽しむ。そんな贅沢で、いつもと違うひとときも、たまにはいいものです。

Savoy
Eteläesplanadi 14, Helsinki
☎ 09 6128 5300
www.ravintolasavoy.fi/

58 | アトリエ フィンネ |
ATELJÉ FINNE
彫刻家の元アトリエで気軽なディナーを

春と秋のヘルシンキでの買付けはひとりで、夏は日本からの友人と合流して一緒に過ごすのが、ここ数年続いています。街の中心から少し歩いた場所に、ひとりでも複数でも楽しめる、カジュアルなレストランAteljé Finneはあります。近くには岩の教会、テンペリアウキオ教会がある静かなエリア。

彫刻家グンナー・フィンネのアトリエをそのまま生かしたレストランは、黒いテーブルと椅子が、凹凸感のある白い壁に映える落ちついた雰囲気。1階、地下、小さな中2階スペースの3層構造で、1階はガラスを通した自然光が明るく照らし、地下は上半身の銅像達に見守られながら食事をいただく、という他ではなかなかないシチュエーションを体験できます。

ふだんひとりだとあまりレストランには行きませんが、ここならひとりでディナーも。エプロン姿のスタッフは、控えめながらこまやかな気配りをしてくれて、とても好印象。スタッフの対応の良さも、わたしが通い続ける理由のひとつです。

メニューは前菜、メイン、デザートからそれぞれ選べるコースとアラカルトがあり、いつもコースを選んでいます。お魚がおいしい北欧では、メインに「Today's Fish」を選ぶことが多く、イワナやサクラマス、サーモンを、ハーブを効かせたソースなどでいただきます。

夏にはベリーやルバーブを使った季節のデザートも、ぜひお試しあれ。

Ateljé Finne
Arkadiankatu 14, Helsinki
☎ 010 281 8242
www.ateljefinne.fi/

147

59 BIER-BIER
ビエール‐ビエール

古きよきバーでドラフトビールを！

日本から北欧への行き方は、Finnairでヘルシンキから入るか、SASでコペンハーゲンから入るかの2通り。SASだと11時間かかるところ、Finnairでは9時間台と2時間早く、この10時間を超えるか超えないかで、身体の疲れ加減がだいぶ違うので、9時間台で到着できるのはかなり楽です。そのため、最近はまずヘルシンキに入って数日滞在し、その後各国をめぐっています。

ヘルシンキのホテルにチェックインするのは午後3時から4時。そこでベッドに倒れ込んでしまっては、時差に負けてしまうので、ここはがんばって街に繰り出します。こじんまりとした個性的なお店が建ち並ぶ、Annan Katu／アンナンカトゥやFredrikin Katu／フレドゥリキンカトゥを歩きながらいろいろ観ていると、わくわくしてきて、自然と眠気も気にならなくなります。

ひと通り街歩きをしたあと、夕飯の前の1杯に立ち寄るのが、ビールバーBier-Bier。天井が高く重厚感のある造りの建物で、使い込まれた床と、ブルーグレーに塗られた壁が印象的なバーです。

お店の奥のカウンターには、どっしりとした円柱形のコッパーがコの字型に鎮座し、そこから8種類のドラフトビールが注がれます。カウンターの脇に手描きのメニューがあり、No.1からNo.8まで、サイズは200㎖か400㎖。銘柄、品種、国名が書かれている中から選びます。

バックカウンターの大きな冷蔵庫には、かなりの種類の瓶ビールも揃っていますが、ここでは注ぎたてのドラフトビールをぜひ！

Bier-Bier
Erottajankatu 13, Helsinki
☎ 10 666 8451
www.bier-bier.fi/

60 FISKARS
フィスカルス

フィンランドでハサミと言えば

ヘルシンキから電車で1時間程の郊外にあるFiskars／フィスカルス。森に囲まれた、のどかな村の工場でつくられている、プラスチックの柄のハサミは1967年に誕生し、すでに半世紀。それまでは金属の重たいハサミが使われていましたが、プラスチック素材でつくられた、軽くて使いやすいハサミは重宝され、1970年代にはフィンランド中の家庭に普及しました。

初めてフィスカルスのハサミを手にしたのは、ヘルシンキのアンティークショップで。たくさん買ったからとおまけに、ともらった小さなハサミは、バブルラップを切ってみると、するすると滑るようで切れ味は抜群。13cmと小さく軽いので、買付けのツールバッグに必ず入れています。それから買い足したのは、買付け時の予備、手芸用の折りたためるハサミ、家で使う20cmの万能バサミ。気づけば、わが家のハサミはすべてFiskarsです。

61 POSTISÄKKI
ポスティサッキ

心も送るオレンジ色のパッケージ

フィンランドの郵便局に行くと、オレンジ色の地に、白で描かれたモチーフのパッケージが、壁にずらりと並んでいます。モチーフは封筒やリボンをはじめ、コーヒーカップやマフィン、靴などがにぎやかに描かれていて、こんなパッケージが家に届けられたら、心はあたたかくなります。

箱は厚さ1cmから大きなサイズまでいろいろ用意され、封筒タイプは緩衝材がセットされたものやマチのある大きなものまで。様々なバリエーションで、送りたいモノを受け止めてくれます。

フィンランドの切手も、かわいいイラストのものなど、充実のラインナップなので、オレンジ色の「posti」の看板を見かけたら、覗いてみてください。

郵便局は、土曜日午後の早い時間から日曜日まで閉店しますが、中央駅近くの郵便局は土日も営業しているので、切手を買ったり、週末に荷物を出したい時はこちらへどうぞ。

62 ｜ローカル
LOKAL
若手作家の展示も楽しめるギャラリーショップ

ヘルシンキの街は小さく、美術館やショップ、レストランなど、行きたい場所がぎゅっと集まっていて、そのコンパクトさがいいなと、歩きながら感じます。
Annan Katu は、インテリアショップやアンティークショップがたくさんあって、ウィンドーショッピングに楽しい通り。その通りにあるのが、ギャラリーショップ Lokal です。
フォトグラファーでもある女性オーナーが営むこのギャラリーショップは、手前はギャラリーで、階段を数段上がったスペースは常設展示、その奥には、ホームメイドケーキや、おいしいコーヒーがいただける、小さなカフェコーナーも。
常設展示では、フィンランド国内でつくられている、曲げ木や白樺細工の手工芸品と、若手作家やデザイナーによるハンドメイドの陶器、グラス、アクセサリーなどが並び、見応えたっぷり。そのきめ細やかな品揃えは、オーナーが本当にモノが好きなことの証し。ヘルシンキに着いたら、いつも真っ先に向かいます。

陶芸作家ナタリー・ラーデンマキの陶器は、ハンドメイドならではのオーガニックなフォルムが気に入っていて、ずいぶん前から購入しています。大きさや釉薬の色がひとつひとつ微妙に異なり、ボウルやプレート、カップの中から毎回何かしらを買い求め、食器棚のナタリーの器は少しずつふえ続けています。
ゆったりとしたギャラリースペースでは、毎月テーマに合わせ、有名アーティストと若手アーティストをミックスした展示を開催。毎回楽しみにしています。

Lokal
Annankatu 9, Helsinki
☎ 09 684 9818
lokalhelsinki.com/

153

63 | カンピンカッペリ |
KAMPIN KAPPELI
都市で暮らす人々の癒しの場

ホテル選びは「動線の良さ」が何より大切。ヘルシンキで定宿にしているのは、Scandic Simonkenttä／スキャンディック シモンケンタ。地下でつながるショッピングモールKamppi／カンピにはホームセンターがあり、そこでダンボールを調達したり、マリメッコをチェックしたり、スーパーマーケットでおみやげを探したり。そして中央駅の郵便局までは徒歩5分と、何かと便利なのです。

朝食をとるレストランからは、オレンジ色の大きな卵のような形の建築物が見えて、「あれは何だろう？」と気になっていたのですが、ある時それが教会だと知ってびっくりしました。

Kampin Kappeliは、礼拝堂にありがちな屋根の十字架はなく、とてもモダンな建物で高さは11メートルを越えます。中に入ると白木に囲まれ、まるで巨大な卵の中にいるかのよう。ハンノキの美しい木目が、ゆるやかなカーブを描きながらぐるりと一周し、なんとも清らかな空気に包まれた空間です。

この礼拝堂はルター派の信徒と、ヘルシンキ市によって運営され、都市で暮らすストレスフルな人々の癒しの場所になれば、という目的で建てられました。礼拝堂は1年中開いていて、平日は朝8時から夜8時まで入ることができます。

朝の通勤前に、仕事帰りに、ここに立ち寄って椅子に座り気持ちを落ち着かせる。そんな環境を、自治体がきちんと考え整えてくれるなんて、うらやましい限り。わたしもホテルに帰る途中に寄り、何も考えずにぼーっとする時間を過ごしています。たとえ数分であっても、気持ちがリセットされて整う気がするのです。

Kampin Kappeli
Simonkatu 7, Helsinki
☎ 09 2340 2018

64 | ミュールマエンキルッコ
MYYRMÄEN KIRKKO
自然光と照明が織りなす光のアンサンブル

ヨーロッパの教会と言うと、建物は重厚感があり、ステンドグラスが天井まであって、ちょっと重々しい雰囲気が漂うイメージがあります。
フィンランドには重厚感のある教会とは一線を画した、軽やかでミニマルで、清潔感のある北欧モダン建築の教会が全国にあります。いつかフィンランド中のモダンな建築をめぐる旅を、ゆっくりしてみたいなと思っています。

ヘルシンキ中央駅から電車に乗って15分で行けるMyyrmäen Kirkko、通称「光の教会」もまた、フィンランドを代表するモダンな教会です。
Myyrmäen Kirkkoは建築家ユハ・レイヴィスカによって1984年に建てられました。教会の入り口へ続くロビーには、アアルトのスツールがずらりと並び、窓の向こうには白樺林。教会の扉を開ける前から自然と心がはずみます。
中に入ると、真っ白い空間にブルーの布張りベンチが並び、天井からはボーダーの織物と、モダンなシーリングランプが無数に掛けられた空間が広がります。天窓からは光が降り注ぎ、自然光と照明の光の調和は、それはそれは美しく、しばらくの間、無言で佇んでいました。
教会はLouhela／ロウヘラ駅のホームから見えるほどすぐ近く。早く目覚めた朝、光の教会を訪れて、清々しい1日のはじまりを過ごしてみてはいかがでしょうか。

Myyrmäen Kirkko
Uomatie 1, Vantaa
☎ 09 830 6429

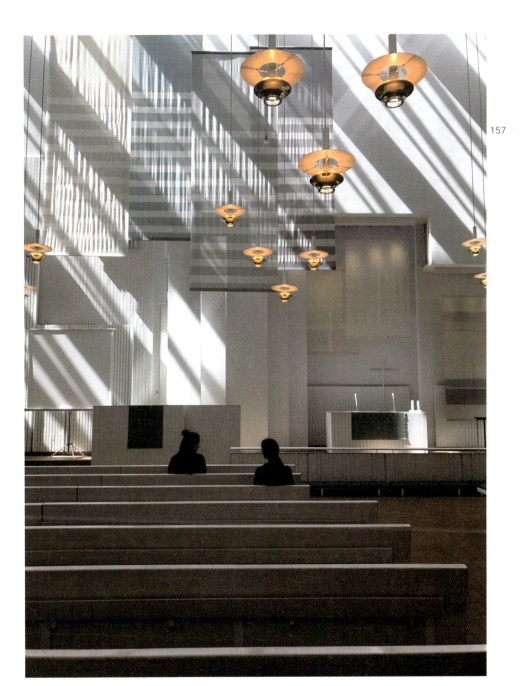

おさだゆかり

2005年に北欧雑貨店「SPOONFUL（スプーンフル）」を立上げる。現在はオンラインショップと予約制の実店舗を運営しつつ、全国各地でイベントを行う。年に3回は買付けに行っているので、すでに40回以上、北欧を旅していることに。北欧のデザインや雑貨について詳しいだけでなく、大の食いしん坊でお酒好き。2010年からは北欧ツアーを企画・案内をするなど、活躍の場は広がるばかり。既刊書に『北欧雑貨をめぐる旅』（産業編集センター）、『北欧スウェーデンの旅手帖』『北欧雑貨手帖』（共にアノニマ・スタジオ）、ムック『わたしの住まいのつくりかた』（主婦と生活社）がある。

本文・写真 ── おさだゆかり
デザイン ─── 渡部浩美
地図 ──── フロマージュ

＊本書の情報は2018年3月現在のものです。

わたしの北欧案内　ストックホルムとヘルシンキ
デザインとフィーカと街歩き

2018年5月10日　初版第1刷発行

著者　　おさだゆかり
発行者　山野浩一
発行所　株式会社筑摩書房
　　　　東京都台東区蔵前2-5-3（〒111-8755）
　　　　振替00160-8-4123
印刷　　凸版印刷株式会社
製本　　凸版印刷株式会社

本書をコピー、スキャニング等の方法により無許諾で複製することは、法令に規定された場合を除いて禁止されています。
請負業者等の第三者によるデジタル化は一切認められていませんので、ご注意ください。
乱丁・落丁本はお手数ですが下記にご送付ください。送料小社負担でお取り替えいたします。
ご注文・お問い合わせも下記にお願いします。

筑摩書房サービスセンター
埼玉県さいたま市北区櫛引町2-604　〒331-8507
電話048-651-0053
©Yukari Osada 2018 Printed in Japan
ISBN978-4-480-87900-4 C0026

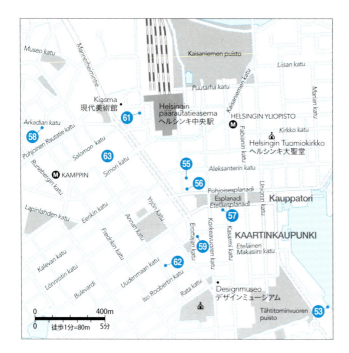

HELSINKI MAP
冒頭の番号は本文の項目番号を示しています

53 VIKING LINE …… p132
ヴァイキング ライン

55 ARTEK …… p140
アルテック

56 CAFÉ AALTO …… p142
カフェ アアルト

57 SAVOY …… p144
サヴォイ

58 ATELJÉ FINNE …… p146
アトリエ フィンネ

59 BIER-BIER …… p148
ビエール - ビエール

61 POSTI POSTITALO …… p151
ポスティ ポスティタロ（中央郵便局）

62 LOKAL …… p152
ローカル

63 KAMPIN KAPPELI …… p154
カンピンカッペリ